ビジネスマンのための

「法律力」養成講座

経営コンサルタント
小宮一慶

はじめに
法律はどんどん変わっている

私は大学の専攻は法学部でした。法律学は結構自分に合っていて、法律学の教科書を六法全書や判例集と照らし合わせながらコツコツと読むのが好きでした。法律というのは、とにかく論理的なので、自分の性分に合っていたのでしょう。

大学卒業後、私は銀行員となり、二つの比較的小さな会社の経験を経て、二五年近く前に、経営コンサルティング会社を仲間二人と設立し、経営してきました。今でも小さな会社ですが、社員は一五人になりました。その関連で、現在、六つの会社の社外役員と五つの会社の顧問をしています。

そこで気づいたのが、経営の現場では、本文でも詳しく出てくるように、多くの行為が法律に関連しているということです。そして、驚くべきことに、自分が学生時代に習った法律や、銀行員やコンサルタントとして、ビジネスや経営の現場で出てきた法律が、どんどん変わってきていることです。取締役や取締役会に関する規定のみならず、育休などに関する法律、パワハラ、セクハラなどに関する法律など、新しい法律ができるとともに、昔からある法律も、細かな部分で条文が結構変わってきているのです。「働き方改革」に関連して、労働基準法等が変わっていることはご存じの方も多いと思います。

さらには、私が若いころにはなかったインターネットやＡＩなどに関連して、個人情報をどう保護し、その利用を規制するかといった法律議論もなされています。ＥＵではＧＤＰＲ（一般データ保護規則）ができて、かなり厳しい個人情報保護が行われており、日本でもその分野の法律はどんどん変わろうとしています。

そうした時代の流れに応じて変わりつつある法律の本質や、その具体的な内容を知ることは、経営に関わる、あるいは関わろうとしている方はもちろん、若いビジネスパーソンにとってもとても重要なことです。実は、会社というのは、まさに法律によって形づくられているからです。

さらに、法律はもともと、当事者間の利害を調整したり、個人の権利を守るためのものなのですが、知らなかったばかりに、守られるべき権利が奪われていてしまったり、逆に、気づかないうちに、私たち自身が誰かに害を与え、法に反することをしてしまっている可能性もあるからです。

ある日の取締役会で

非常勤の監査役をしている会社でのある日の取締役会で、次のような議案が上程されました。

1　賞罰委員会規程制定と「就業規則」（☞労働基準法、労働契約法）
2　代表取締役の職務執行状況の報告（☞会社法）
3　システム購入に関する「契約」（☞民法）

最初の議題の「賞罰委員会」や「就業規則」は、会社と従業員の関係に関することです。

労働基準法をはじめとする「労働法」の領域です。詳しくは、本書の第一章で説明することですが、取締役会には、「就業規則」の改定などの議案が数多くかけられます。（「就業規則」という言葉を聞いたことがあると思いますが、何か具体的に分かりますか？　第一章でお話しします。）

労働法は、主に労働者の権利を保護するためのものですが、「働き方改革」などもあり、法律がときに大きく変更され、それが経営に大きく影響を与えることがあります。

また、次の議案には「代表取締役」という言葉が出てきます。これは第六章でくわしくご説明しますが、「会社」というものやその機関である「取締役会」、「代表取締役」などについては、その内容が「会社法」に詳しく規定されています。

「会社法」は、もともとは「商法」の第二編である「会社」を分離独立させた法律ですが、ビジネスの屋台骨となる「会社」について、株式会社を中心としながら、その機関や資金調達などについて、詳しく規定しています。カルロス・ゴーン氏の事件（第五章でお話しします）などで最近何かと話題となる「特別背任」などについても会社法が規定しています。会社法の条文もまた、時代の変化に合わせて、結構変わっています。

システム購入については「契約」という民法上の概念が出てきますが、これも後の章で詳しく説明します。

基本は同じ

法律や条文はどんどん変わっていくのですが、基本的な法律の考え方は同じです。**違いが生じるのは、時代の流れにより、誰の権利をより守らなければならないのか、ということです。個人なのか、企業なのか、はたまた公益、あるいは国家なのか。**

一方、インターネットのようにこれまでになかったものの出現によってこれまでの法律では取り締まれない、新たな犯罪行為やトラブルが生じたり、逆に、最近、問題となっている「あおり運転」などのような悪質な行為について、ドライブレコーダーなどで録画する手段を得たりと、**技術の進歩によって、新たな法規制が生まれようとしています。**

しかし、基本は同じです。その基本がある程度分かっていれば、法律が変わっても、また、新たに法律ができても、その本質は理解できます。そして、**その本質をベースに、法律の基本的な内容を理解していれば、何をやってよくて、何をやってはいけないのかということが分かるようになります。**

法律には、その前提としての「思想」が必ずあります。

ビジネスのさまざまな場面で、会社法、商法、民法、刑法、労働基準法、独禁法、特許法、著作権法、民事訴訟法、刑事訴訟法、破産法など、さまざまな法律が顔を出します。もちろん、ときには、法律の中の法律である憲法が関係することもあります。憲法の趣旨や思想に反する法律を作ることはできません。

法律の多くは、国民の権利を守るため、あるいは、利害を調整し、争いを収めるためのものです。その法律やそれぞれの条文には、必ず思想があるのです。

たとえば、日本や多くの国では、刑罰を科することができるのは公権力だけです。量刑も公権力が決めます。しかし、イスラム圏では「目には目を、歯には歯を」の「同害報復」の思想が長く息づいていました。もともとの考え方が違うのです。

いわゆる「**常識**」**と言われるものが、法律の根底となっていることも少なくありません。**しかし、この時代、価値観が多様化していますから、その常識も世間一般に共通のものとするのが難しいことも多く、それを法律が調整している部分も多くあります。民法の規定などがそれにあたります。それでももめることが少なくなく、その場合は、裁判所などが調停したり、裁判で決するということになるのです。

法律の考え方を知ることで、ビジネスと世の中の原理原則が分かる

この本は、法律の専門家のための本ではありません。ビジネスや日常のシーンで、押さえておけばいい法律の基礎知識を読み物風にまとめたものです。みなさんが日常の場で接する普段のことが法律的にどういうことがベースになっているのかということを理解していただくための本です。

逆に、「知らなかったから許される」ということがないのも法律の世界です。ビジネスパーソンとして、知っておかなければならない法律や条文があるのです。法律を知らなかったばかりに、休暇などの本来得られるはずの恩恵が得られなかったり、インサイダー取

引など、知らない間に法律を犯してしまう結果になることもあります。

さらには、この本は法律的考え方を理解していただくための本でもあります。先ほども述べたように法律には「思想」や日本の法律なら日本人が考える「常識」というものがあります。それを考えるきっかけともしてほしいのです。

そして、**論理的思考力を学ぶには法律は最適**です。数学や物理学、経済学などと同様、「論理」が法律の命です。この本を読みながら、法律にある思想や論理を感じ取っていただければと思います。

役員を目指す人、これから起業、開業する人はもちろんのこと、すべてのビジネスパーソンが基礎的な法律の条文や法律のバックグラウンドとなる考え方を身につけ、そして法律を味方につけることで、今見えているのとはまた違った世界が見えてくることでしょう。

とはいえ、法務でもない一般のビジネスパーソンがすべての法律に通じている必要はありません。私も専門的なことは弁護士と相談します。

本書では、「働き方改革」、「パワハラ、セクハラ」、「茨城あおり運転事件とSNS」、「リクナビ〈内定辞退率〉問題と巨大IT企業」、「カルロス・ゴーン事件」、「ネット時代の著作権」、「会社という仕組み」、「憲法第九条改定問題」など最近、話題になったトピックスなどをとりあげて、ビジネスパーソンに比較的馴染みのある、あるいは、これからの時代、最低限知っておくべき法律をお話ししています。解説を行うとともに、社会背景についても説明しています。法律と社会の状況が表裏一体であることをお分かりいただけると思います。

もちろん、ここで挙げる法律は、数多くの法律の無数の条項のごく一部です。それぞれの業界に特有の法律もあるでしょう。けれども、本書を読むなかで自然に、法律の考え方や、その背景にある思想をご理解いただけるように工夫したつもりです。

つまり、いつもさまざまな場面で私が言っている「原理原則」です。その原理原則が分かれば、他の法律もだいたい察しがつくようになります。そして、**世の中の原理原則も見えてきます**。

私は、先にも触れたように、大学卒業後、銀行に勤め、現在は、経営コンサルタントの傍ら、大学で経済学や会計学を教えたり、その分野の本をたくさん書いているので、最近は経済学、経営学に触れることが多いのですが、大学では法学部で法律を学んでいました。
そして、自分のビジネスパーソンとしての基礎は、法律を学んだあの大学の時代にあったと、改めて実感しています。

ビジネスパーソンのみなさん、法律の世界へようこそ。
楽しんでお読みください。

小宮一慶

追伸
そうそう、もし可能なら、傍らに、六法全書を置かれて読まれることをお勧めします。もちろん、必要な条文は本文に書いておりますが、六法全書で、条文を調べながら読むのもまた格別です。（もちろん、なくても大丈夫です。）なお、今回、私が編集の干場さんのために用意したのは、比較的読みやすい『２０１９平成31年度版　判例六法』（有斐閣）です。

目次

第2章

パワハラ、セクハラ、マタハラに見る組織風土と個人の意識改革の必要性

育休介護休業法とパワハラ防止法

第3章

SNS時代、茨城あおり運転殴打事件に見る、誰もがいつ巻き込まれても不思議でない事件と法律

道路交通法違反と刑法、民法

第4章

個人情報保護法と独占禁止法

リクナビ「内定辞退率」問題に見る巨大ネット企業から個人を守る法律の必要性

第5章

金融商品取引法と会社法

ゴーン事件に見る特別背任罪と金融商品取引法で最も注意すべきインサイダー疑惑

第6章

会社法と民法
会社法と民法から会社の仕組みと契約の大原則を知る

第7章

著作権法

海賊版サイトから教育利用補償制度まで、ネット時代に望まれる新たな法規制

あとがきに代えて

憲法改正問題を考える

第1章

「働き方改革」の現実

労働基準法・改正労働基準法

新入社員でも、労働基準法ぐらいは、知っておいたほうがいい！

この本を今、どこでお読みになっていますか？　電車の中で読んでいる方もいらっしゃるかもしれませんが、休日に家などで読んでおられる方もいらっしゃると思います。で、休日の方に聞きますが、なぜ、今日は休日なのですか？

日曜日だから？

土日が稼ぎ時の業種、職種の方も少なくないでしょうから、それは理由になりませんね。土日が休みという方にしても、そもそも、法律的にそれはどう規定されているかご存じでしょうか？

この章では、普段の働き方などに関連して、「労働法」の概略について触れたいと思います。「働き方改革」についても説明します。まずは、「はじめに」でご紹介した、私が非常勤の役員として出ていた某社某日の取締役会での議案のひとつをきっかけに説明を始めましょう。

その議題は、「賞罰委員会規程制定」と「就業規則」についてのものでした。
この会社の場合、就業規則に、「表彰懲戒は、信賞必罰の精神に基づき、慎重公正を期して賞罰委員会は審議にあたり、社長はこれを決定し施行する」と書いてあったのですが、それを、「表彰懲戒は、信賞必罰の精神に基づき、慎重公正を期して、別途定める賞罰委員会が審議にあたり」と就業規則に加え、賞罰委員会を作り、その規程を制定することにしたのです（就業規則の改定案は取締役会の議案となります）。

ところで、「**就業規則**」とは何でしょうか?
文字通り、従業員（労働者）が働く際の規則なのですが、これを法律的に規定しているのが、「労働基準法」です。労働基準法の第九章が就業規則に当てられ、第八九条で次のように規定されています。

労働基準法　第八九条（作成及び届出の義務）　常時十人以上の労働者を使用する使用者は、次に掲げる事項について就業規則を作成し、行政官庁に届け出なければならない。次に掲げる事項を変更した場合においても、同様とする。

まず、**「常時十人以上の労働者を使用する」場合には「就業規則」を制定しなければならない**と決められています。これは重要です。ですから、二、三人で始めたベンチャーなど、ついうっかり忘れてしまうなんてことのないよう！　従業員が十人を超えたら「就業規則」を制定しなければなりません。

「次に掲げる事項」というのは、就業時間、賃金、退職、臨時の賃金、食費・作業用品等の負担、安全衛生、職業訓練、災害補償など、一〇項目にわたるのですが、そのうちの九番目に、表彰及び制裁の定めというのがあって、今回の賞罰委員会規程制定というのは、これにあたるわけです。これ以外にも、労働者のすべてに適用される定めをする場合には、就業規則に定めることが必要です。

「働き方改革」もあって、就業規則というと、まず気になるのが、労働時間や休日のことだと思いますが、その前提として、

就業規則で定められている内容は、
労働者にとって労働基準法より厳しいものにしてはいけない

ということがあります。
では、労働基準法上の毎週の労働時間は何時間か、ご存じですか？
また、必ず労働者に与えなければいけない休日は何日か、ご存じですか？

労働基準法第三二条①　使用者は、労働者に、休憩時間を除き一週間について四十時間を超えて、労働させてはならない。
②使用者は、一週間の各日については、労働者に、休憩時間を除き一日について八時間を超えて、労働させてはならない。
労働基準法第三五条①　使用者は、労働者に対して、毎週少くとも一回の休日を与えなければならない。
②前項の規定は、四週間を通じ四日以上の休日を与える使用者については適用しない。

ホワイトカラーの間では一般的になっている週休二日というのは、労働基準法以上に、労働者にとっては良い条件だったのですね。これは、各社の就業規則に定められているはずです。

けれども、第三二条では週四十時間とか一日八時間とか言っているけれど、事実上、残業や休日出勤、つまり時間外労働があるじゃないか、残業はみんな労働基準法違反？　となってしまいますね。そこで、登場するのが、第三六条で、いわゆる「**三六（さぶろく、さんろく）協定**」の名で知られる労使協定を定めることができるとしています。時間外及び休日労働に関する規定です。

労働基準法第三六条①　使用者は、当該事業場に、労働者の過半数で組織する労働組合がある場合においてはその労働組合、労働者の過半数で組織する労働組合がない場合においては労働者の過半数を代表する者との書面による協定をし、厚生労働省令で定めるところによりこれを行政官庁に届け出た場合においては、第三十二条から第三十二条の五まで若しくは第四十条の労働時間、又は前条の休日に関する規定にかかわらず、その協定で定めるところによつて労働時間を延長し、又は休日に労働させることができる。

要するに、法定労働時間を超える残業や休日に出勤させることに関しては、労働基準法第三六条の規定にしたがった労使間の協定があれば可能だ、ということですね（でも、協定さえすればいくら働かせてもいいというわけにはもちろんいきません。このあたりを明確にしたのがあとで説明する「働き方改革」での法案だったのです）。

私が学生の頃は、労働関係の代表的な法律として、「労働基準法」、「労働組合法」、「労働関係調整法」の、いわゆる労働三法があげられましたが、最近、といってももう一〇年以上前になりますが、「労働契約法」というのができました。

労働契約というのは個別の人との契約で、そこでは、**契約条件が就業規則に満たない場合、就業規則と同じ条件にしなければならない**といったことが定められています。平成二〇年三月一日に施行された法律です。

とはいえ、このあたり、一昔前までは、法定労働時間も就業規則上の労働時間も有名無実の長時間労働が当たり前の企業は、業種によっては数多くありました。最近は、そうした企業は、「ブラック企業」として、ネットなどで騒がれ、その結果、就職希望者が敬遠するようになってきました。

では、少し前、いわゆる闇営業問題の過程で、若手芸人たちの過酷な労働条件が話題になった吉本興業はどうなんでしょう?

結論から言うと、吉本興業の場合、芸人たちは社員ではないのです。それぞれが「個人事業主」として、吉本興業とは「業務委託」という形で契約をしているのです。だから、労働基準法も労働契約法も関係ない。守ってはくれません。だから、最低賃金の規定の適用もなかったわけです。

ただ、吉本興業の場合は、多くの芸人さんたちとの間では、その業務委託契約書すら存在しなかったということも問題となりました。この点は、徐々に改善に向かっているものと思われます。

「働き方改革」とは何か？

労働基準法に関連して、多くの方の関心が高いと思われる「働き方改革」について、補足しておきましょう。

ここでご紹介した労働基準法に、大きな改正が行われ、二〇一九年四月一日より（中小企業は、二〇二〇年、二〇二一年より実施）施行されています。いわゆる「**働き方改革関連法**」です。おもに、労働基準法の第三六条〜第三九条への改正、追加が中心となっています。

条文そのものは、非常に長く、読みにくいので、ここでの引用は割愛しますが、その大きな柱は、次の三つです。

①時間外労働の上限規制

月四五時間、年三六〇時間を原則として、臨時的な特別な事情がある場合でも、年七二

○時間、単月一〇〇時間未満（休日労働含む）、複数月平均八〇時間（休日労働含む）を限度に設定しなければならない（医師等については、例外規定があります）。

②年次有給休暇の確実な取得

使用者は、一〇日以上の年次有給休暇が付与されるすべての労働者に対し、毎年五日、有給休暇を与えなければならない。

③正規雇用労働者と非正規雇用労働者の間の不合理な待遇差の禁止

同一企業内において、正規雇用労働者と非正規雇用労働者（パートタイム、有期雇用等）の間で、基本給やそれ以外の待遇の、不合理な待遇差が禁止される（**「同一労働、同一賃金」の原則**）。

生産性が上がらなければ結局は所得が減るだけ

働く人にとっては、労働時間に上限ができ、有給の取得も、五日とはいえ義務づけられたことで働きやすさが高まっていると思います。また、人手不足もあいまって、多くの企業でテレワークや在宅勤務も認められるようになっています（当社のような一五人の会社でもやっています)。

こうして働きやすさは増しているわけですが、経営側から見れば、それで必要なアウトプットがなされることが大前提です。つまり、必要な付加価値額(売上高マイナス仕入れ等)が増える、あるいは少なくとも以前と同じでなければ、業績を維持することができません。もう少し正確に言うと、「一人当たりの生産性＝一人当たりの付加価値額」が維持されることが大前提なのです。


会計的には、付加価値に占める人件費の割合を「労働分配率」と言いますが、**働き方改革やテレワークなどで、一人当たりの生産性が落ちるのなら、労働分配率を高めない限り、一人当たりの賃金は減る**こととなります。付加価値を維持できなければ賃金を維持できないのです。働き方改革法案を審議している最中に、政府が「生産性の向上」を声高に叫んでいたのはそのためです。

今後、この法律の改正のせいで、業績が落ちるようなことで困る企業が出てくる可能性はあります。企業経営者としては、総額の付加価値額とともに「一人当たりの付加価値額」に焦点をあてて経営のパフォーマンスを見ていかなければなりません。

日本人の実質賃金がここ二〇年以上、上がっていない

このことに関連して、二〇一九年一二月の日経新聞に、私にとっては結構衝撃的なコラムの連載がありました。「安いニッポン」というシリーズでした。東京ディズニーランドの入場券は7500円ですが、カリフォルニアのそれは13934円、パリが11934円で、上海でも8824円するとのこと。100円ショップも日本のほうが上海よりも安く、アマゾンプライムも、米国では年12900円なのが、日本では4900円だと、その記事にはありました。

背景にあるのが、日本では賃金が上昇せず、物価も上がらないという状況です。同じ記事にあったのが、1997年と2018年の実質賃金（インフレやデフレを調整後の賃金）の水準。1997年を100として、日本は90・1なのに対し、米国は116、英国は127・2ということでした。米国や英国では、実質的な賃金が上昇している、つまり購買力が上がっているのに対し、日本では1割近く下落しているということです。その分、物価も上昇しにくく、諸外国からは「安いニッポン」と映るのです。

「働き方改革」により、多くの働く人にとって、働きやすさは増すと考えられますが、先ほどから述べているように、「一人当たりの生産性」を上げないと、世界における日本の経済的地位は低下すると考えられます。

働く人が働きやすくなるのは、もちろん悪いことではありませんが、それと同様に生産性を高めることが、企業経営のみならず、日本全体にも必要なことは言うまでもありません。そのためにも、法律制定において、その点の配慮が必要なのです。

「時間」という概念には合わない「知的労働者」

先ほども触れたように、この働き方関連法施行とともに、厚生労働省では、テレワークや在宅ワークなど柔軟な働き方がしやすい環境整備、ならびに、高齢者、障害者、外国人、LGBTなどのダイバーシティの推進、介護や子育てとの両立支援などへの取り組みも打ち出しています。しかしながら、改正された法律を見ている限りでは、あくまでも労働時間数を規制の対象とするもので、一九～二〇世紀型の工場労働者を対象とした、つまり、アウトプットが時間に比例して増える仕事をしている労働者を前提としているもののように見えます。つまり、ブルーカラー用の考え方を、ホワイトカラーにも当てはめようとするものに見えます。

もう少し正確に言うと、時間に比例してアウトプットが変わる職種にはいいかもしれませんが、知的労働者のように成果が働く時間に比例するとは限らない人たちには、必ずしも適切なものとは言えない部分もある、ということです（もちろん、知的労働者に対しても法令に違反する「ブラック企業」であっていいという意味ではありません）。

で、実は、第四一条に、いわゆる「**高度プロフェッショナル制度**」**が付加**されました。

労働基準法　第四一条の二①　賃金、労働時間その他の当該事業場における労働条件に関する事項を調査審議し、事業主に対し当該事項について意見を述べることを目的とする委員会が設置された事業場において、（中略）、第二号に掲げる労働者の範囲に属する労働者（以下この項において「対象労働者」という）であつて書面その他の厚生労働省令で定める方法によりその同意を得たものを当該事業場における第一号に掲げる業務に就かせたときは、この章で定める労働時間、休憩、休日及び深夜の割増賃

金に関する規定は、対象労働者については適用しない。（後略）

結構ややこしい書き方をしていますが、要するに、ある一定の条件を満たした労働者については、労働時間、休憩、休日及び深夜の割り増し賃金に関する労働基準法の規定は適用しないということです。つまり、まったくの裁量労働とする労働者もいていいということです。

「ある一定の条件を満たした労働者」とは、「委員会が設置され、その委員会で定めることを前提に、高度の専門的知識等を必要とし、その性質上、従事した時間と従事して得た成果との関連性が通常高くない、つまり時間とアウトプットが比例するようなものではない労働をする者」です。

その委員会は労使で構成されますが、そこでは、対象業務や対象労働者の範囲、健康状態の把握方法などの他に、年間一〇四日以上、かつ四週間で四日以上の休日を与えることなどを決議すべきとしています。

一般的にはコンサルタントのような知的労働者で、年俸が一〇七五万円以上の労働者が対象ですが、規制が厳しいこともあり、いまのところはその制度を使用している企業は少ないのが現実です。

私としては、もちろん、過酷な労働を従業員に課すことは避けなければなりませんが、知的労働者に関しては、もっと柔軟に使いやすい法律の制定を望みます。

知的労働者の場合は、先ほども述べたように、働いた時間に比例してアウトプットの質や量が決まらない場合が多いのです。それまでの経験や勉強量がアウトプットの質や量に大きく影響します。

——

コンサルタントの場合もそうです。当社の若いコンサルタントが数十時間かけて出した結論と、私が数分で出した結論とは、変わらないと思います。経験やこれまでの勉強量が違うからです。

もちろん、従来通り、時間をかけて、それに比例してアウトプット量が増える職種に関しては、従来通りの法制度で彼らを保護する必要がありますが、知的労働者にはその適用はなじみにくいのです。

繰り返しますが、過重労働を求めているわけではありません。必要なアウトプットが出せれば、働く時間が短くてもぜんぜんかまわないということです。

そのためには、**知的労働者は、プロフェッショナルとして「腕」を上げ続けなければなりません。**ぜひともそのあたりを考慮した、さらなる法改正を望みたいものです。

七〇歳定年法？

高齢化やそれにともなう年金などの社会保障費増大に対応するために、政府は、働く人の雇用延長を考えています。すでに「高年齢者雇用安定法」により、現状でも六五歳までの人を対象に、企業に対し、「定年の廃止」、「定年延長」、「継続雇用制度の導入」を義務づけています。

この法律を改正し、今後七〇歳までの人を対象にしようとしています。この法改正は、通称「七〇歳定年法」と呼ばれていて、二〇一九年六月の閣議で決定され、早ければ二〇二一年四月から実施される見込みです。当面は努力義務となりそうですが、七〇歳まで働くのが普通という時代がやってきているのです。

精神的・肉体的能力に関しては個人差が大きいことや、知的労働者が増加する社会において、肉体労働を前提とした「定年」という概念自体が問題だとも考えますが、個人の生き方や企業側の思惑とも関連し、今後も雇用、とくに高齢者の雇用問題は、法制上も議論が必要なことは言うまでもないでしょう。

この章に出てきた主な法律と法律リテラシー

❶十名以上の労働者を使用する場合には、就業規則を作って、役所に届けないといけない。その内容は、労働者にとって労働基準法より厳しいものにしてはいけない。

労働基準法　第八九条　常時十人以上の労働者を使用する使用者は、次に掲げる事項について就業規則を作成し、行政官庁に届け出なければならない。次に掲げる事項を変更した場合においても、同様とする。

❷労働基準法では、週休は一日だが、残業はほとんど認められていない。

労働基準法第三二条①　使用者は、労働者に、休憩時間を除き一週間について四十時間を超えて、労働させてはならない。

②使用者は、一週間の各日については、労働者に、休憩時間を除き一日について八時間を超えて、労働させてはならない。

労働基準法第三五条① 使用者は、労働者に対して、毎週少くとも一回の休日を与えなければならない。

②前項の規定は、四週間を通じ四日以上の休日を与える使用者については適用しない。

❸労働基準法において法定労働時間は決められているが、一方で、労使間で協定を結び、かつ、それを行政官庁に届け出ることにより、その延長は可能とされていた（三六協定）。

労働基準法第三六条①（前略）第三十二条から第三十二条の五まで若しくは第四十条の労働時間又は前条の休日に関する規定にかかわらず、その協定で定めるところによつて労働時間を延長し、又は休日に労働させることができる。

❹いわゆる「働き方改革関連法」は、おもに、三六協定の制限。

①時間外労働の上限規制
年七二〇時間、単月一〇〇時間未満（休日労働含む）、複数月平均八〇時間（休日労働含む）を上限としなければならない。
②年次有給休暇の確実な取得
毎年五日は必ず有給休暇を取らせるようにしなければならない。
③正規雇用労働者と非正規雇用労働者の間の不合理な待遇差が禁止。

❺ある一定の条件を満たした労働者、現実的には、年収一〇七五万円以上のコンサルタント業のような仕事に就く者については、労働時間、休憩、休日及び深夜の割り増し賃金に関する労働基準法の規定は適用しないという「高度プロフェッショナル制度」が創設されたが、規制は厳しい。

第2章

パワハラ、セクハラ、マタハラに見る組織風土と個人の意識改革の必要性

育休介護休業法とパワハラ防止法

昔は、産後六週間で職場復帰!?
育休は、労働基準法には規定がなかった!?

もう少し、働く人の環境についての法律を考えてみましょう。

以前、NHKの朝ドラの『半分、青い。』の経済に関する考証を頼まれました。そのこともあり、いまでも、結構熱心に朝ドラを見ています。二〇一九年前半に放映された『なつぞら』もそうでした。それでよく覚えているのですが、広瀬すずさん演じるヒロインのなつが出産したあと、いつから仕事に復帰するかについて、田中裕子さん演じる高橋産科医師と話すシーンがありました。

正確ではないかもしれませんが、要するに、なつ「も」、高橋先生と同じく、**六週間で職場に戻る**と。

現在、通常、産休育休合わせて、一年の休業をとるのが一般的ですが、**労働基準法に規定されている最低限の産休は六週間**なのです。

正確に言うと、産休のうち、産前休業は、出産予定日の六週間前から、労働者から**請求があったら、会社側は取得させなければなりません**（ということは、**請求しなければ取得できない。あるいは、請求のない従業員に、産前休業を与える必要はない**、ということですね）。

産後休業については、出産の翌日から**八週間は就業できない**、と規定されています。本人が希望しても、会社としては就業させてはいけないのです。ただし、産後六週間を過ぎた後、**本人が請求し、医師が認めた場合は就業できる**、とされています。

なつは高橋先生の許可を得て、六週間で仕事に戻ったのです。

労働基準法（産前産後）第六五条①　使用者は、六週間（多胎妊娠の場合にあつては、十四週間）以内に出産する予定の女性が休業を請求した場合においては、その者を就業させてはならない。

②使用者は、産後八週間を経過しない女性を就業させてはならない。ただし、産後六週間を経過した女性が請求した場合において、その者について医師が支障がないと認めた業務

に就かせることは、差し支えない。
③使用者は、妊娠中の女性が請求した場合においては、他の軽易な業務に転換させなければならない。

つまり、なつも高橋先生も、労働基準法で定められたギリギリの日数で、復帰したわけです。

さらにここで注目していただきたいのは、「休業」だということです。つまり、無給。**会社は、その間の給与を支払う必要は法律的にはない**わけです。これは、**ノーワーク・ノーペイの原則**に基づきます。実際には、健康保険から給与の一定額が支給されます。女性社員の「定着率向上」のため、一部を有給とする企業もあります。

同様のことは、これからお話する育児休業についても言えます。企業としては、休みは認めるけれど、ノーワーク・ノーペイ。

育休が法律に登場したのは、平成に入って、「育休介護休業法」ができてから！

ところで、このごろは、なつが出産した昭和四〇年代ころと違って、産休に続いて、育休、つまり育児休業を一年ほどとるのが一般的だと思いますし、とくに大手企業などでは、かなり前から子どもが一歳になるまでの間の育児休業が認められていたところが多いと思います。それが、**法的に、申し出れば誰もが取得できる権利として規定されたのは、平成三年に「育児休業、介護休業等育児又は家族介護を行う労働者の福祉に関する法律」（育休介護休業法）が制定されてから**のことです。

それまでは、生後一歳に達しない子どもを育てる女性に対し、育児時間を与えることや、深夜残業の禁止などの条項が、労働基準法にあるだけでした。

育児休業、介護休業等育児又は家族介護を行う労働者の福祉に関する法律

（育児休業の申出）

第五条① 労働者は、その養育する一歳に満たない子について、その事業主に申し出ることにより、育児休業をすることができる。（後略）

労働者側に権利があるだけではありません。従業員がこれを申請したときは、会社は拒否できません。

（育児休業申出があった場合における事業主の義務等）

第六条① 事業主は、労働者からの育児休業申出があったときは、当該育児休業申出を拒むことができない。（後略）

申し出るのが、「労働者」であることに、ご注目ください。労働基準法における、いわゆる産休が、「女性」（当たり前と言えば当たり前ですが）と明記されていたのに対しこの法律では、「労働者」。つまり、**女性だけでなく、男性にも適用される**、ということです。

とはいえ、小泉進次郎氏が、結婚と滝川クリステルさんの妊娠を発表するにあたり、育休取得を検討していると語り、実際出産の報告と同時に、取得すると断言した（そもそも国会議員は一般企業の労働者とは就業形態が異なるのではありますが）ことが議論を呼んでいるくらいですから、男性の取得が女性のように一般的になるには、もう少し時間が必要かもしれません。

それでも、この法律ができる前と比べると、労働者側にとっては、出産後も仕事を続けやすい環境が整いはじめてきたといえます。この法律「育児休業、介護休業等育児又は家族介護を行う労働者の福祉に関する法律」には、ほかにもさまざまな休業の規定がありますので、一度読んでおくとよいでしょう。

たとえば、一歳～二歳までの間の育児休業も、母親父親双方に条件付きながら認められていますし、加えて、小学校就学前の子どもの看護休暇についての規定もあります。五営業日までですが、就学前の子どもが負傷若しくは疾病にかかった場合の世話、若しくは疾病予防のために休暇（看護休暇）を申し出ることができます。

このように、会社は、申し出た従業員に対し、最大一歳になるまでの間の育児休業を与えなければなりませんが、ここでもノーワーク・ノーペイが原則ですから、その間の給与を支払う義務はありません。こちらも、通常は、健康保険から、給与の何割かが支給されます。

さらに、留意すべきは、**育児休業を希望する人は、申し出ないといけない**、ということです。会社は、申し出ない人に、自動的に休業を与えることも、逆に、**本人の意思に反して休業させることもできません。**

本人が申し出たら、会社は拒むことができない。ただし、現実には、「マタハラ」も起こっている

このように、出産、育児と仕事との両立のための法整備は進んできていますが、現実には、妊娠した途端に退職を促されたり、いづらくなるような嫌がらせをされたりするケースも少なくありません。いわゆる「**マタハラ**」(マタニティ・ハラスメント)、です。

男性の育児休業取得に対するハラスメントもあり、こちらは、「**パタハラ**」と呼ばれて

います。パタニティ・ハラスメントの略で、パタニティ（Paternity）は英語で〝父性〟を意味します。男性が育児参加を通じて父性を発揮する権利や機会を、職場で侵害されている、というわけです。

「育児休業、介護休業等育児又は家族介護を行う労働者の福祉に関する法律」では、この点についても規制しています。

育児休業、介護休業等育児又は家族介護を行う労働者の福祉に関する法律

（不利益取扱いの禁止）

第一〇条　事業主は、労働者が育児休業申出をし、又は育児休業をしたことを理由として、当該労働者に対して解雇その他不利益な取扱いをしてはならない。

違反した場合には厚生労働大臣は、事業主に対して、報告を求め、又は助言、指導若しくは勧告をすることができます（第五六条）。勧告を受けた者が従わなかったときはその旨を公表できます（第五六条の二）。

増加する職場のいじめ。上司からのパワハラによる精神障害

「マタハラ」について触れたついでに、ここで、職場の「パワハラ」についてお話ししておきましょう。

最近は、学校内でのいじめだけでなく、大人のいじめ、職場内のいじめ、パワハラ、スポーツ界のパワハラなどの報道も増えてきました。職場におけるいじめの相談件数は年々増えています。

パワハラが原因の精神障害によって自殺にまで追い込まれるケースも少なくなく、二〇一九年一一月にはトヨタ自動車の二〇代の社員が、一二月には三菱電機の新入社員が、それぞれ上司からのパワハラによる自殺と労働基準局から労災認定されました。トヨタの事例では、これを受けて遺族がトヨタ自動車に損害賠償で提訴する準備をしているとのことです。

報道によると、トヨタの社員の場合、上司から繰り返し「バカ、アホ」「こんな説明ができないなら死んだ方がいい」などと言われたほか、個室に呼び出されて「録音してない

だろうな。携帯電話を出せ」などと詰め寄られたこともあったとか。

三菱電機のケースでは、上司から「飛び降りるのにちょうどいい窓あるで」、「自殺しろ」などと暴言を吐かれたことがメモとして残され、その上司は自殺教唆（刑法第二〇二条）の疑いで書類送検されました。

こうした上司からのパワハラを原因とする自殺はこれまでもあったものの、明るみに出てこなかった、という側面もあるかと思います。

今後ますます情報公開が進むことを企業の側から考えると、再発防止に本腰を入れないと、労働基準法で定められた罰則などではすまない大きな損失があることは容易に推測されます。

上司も部下も知っておきたい。「パワハラ防止法」では、どこまでが叱責で、どこからがパワハラかを具体的に定義

先に説明した「働き方改革」に関連する法律が、制定・施行されるとともに、こうした

現状を受けて、パワハラについては、二〇一九年五月、「職場でのパワーハラスメント（パワハラ）防止を企業に義務付ける労働施策総合推進法の改正法（通称、パワハラ防止法）」が制定され、二〇二〇年六月から施行されることとなりました（中小企業は二〇二二年四月から施行）。そこで示された定義のポイントは次のようになります。

「職場内での地位や権限を背景に
本来の業務範囲を超え、
継続的に相手の人格と尊厳を侵害する言動を行い、
就労関係を悪化させる、あるいは雇用不安を与えること」

さらに、厚生労働省は、「職場のパワーハラスメント」を六つに分類し、典型例を示しています。

1　身体的な攻撃　　暴行・傷害
2　精神的な攻撃　　脅迫・名誉毀損・侮辱・ひどい暴言

3　人間関係からの切り離し　隔離・仲間外し・無視
4　過大な要求　業務上明らかに不要なことや遂行不可能なことの強制、仕事の妨害
5　過小な要求　業務上の合理性なく、能力や経験とかけ離れた程度の低い仕事を命じることや仕事を与えないこと
6　個の侵害　私的なことに過度に立ち入ること

これまでは、どこまでがパワハラで、どこまでが指導なのか、その判断がつきにくいという問題がありましたが、二〇二〇年の施行を前に、現在、厚生労働大臣の諮問機関である労働政策審議会が議論を進めていて、
1　職場のパワハラの具体例、
2　該当例や該当しない例、
3　企業の措置義務などを『指針』で示す
などについて、ガイドラインを決定する方針ですので、それに基づき各企業は対策を求められます。

「セクハラ」は、「男女雇用機会均等法」に規定があるのみ。「パワハラ法案」と同様の「セクハラ法案」は？

続いて、セクハラについてお話ししておきましょう。

セクハラは、かなり以前から問題とされてきたので、職場での指導や周知も、他のハラスメントと比べると進んでいるようですが、最近は、職場内での上司部下の関係というより、取引先や就活生のセクハラ被害やその報道も進んでいるようです。社内の女性たちは以前よりも声をあげるようになってきたので、そのぶん、より弱い立場の下請けや就活生を対象とするようになった、ということでしょうか。

また、職場内外とも、被害を訴える男性の割合が10％ぐらいとなってきたことも、最近の特徴です。その場合、女性上司からではなく男性上司からの被害が多いようです。

職場外でのセクハラ事件としては、ちょうどこの原稿の第一稿を書いているころ、伊藤詩織さんが民事の第一審で勝訴したとのニュースが駆け巡っていました。就職相談で会った女性を、元TBS社員でTVにもよく登場していた首相側近の大物フリージャーナリストがレイプしたとの事件で、当初、検察が起訴する方向で動いていたにもかかわらず、突然不起訴になったことも疑惑の対象となっていました。

事件は二〇一五年のことでしたが、被害者がことを公表したのは、二〇一八年のことで、ちょうどアメリカでその前年の二〇一七年一〇月から起こった＃Me Too運動が日本にも広がりつつあるときでした。

ちなみに、＃Me Too運動というのは、ハリウッドの超大物映画プロデューサーによるセクハラを有名女優たちが実名で訴え、同じようなセクハラ被害を受けた女性たちに向けて"me too"と声を上げるようTwitterで呼びかけたことで始まった運動とされています。

そんななか、わが国でも、何人かの女性たちが、「私も、私も」とカミングアウトしましたが、なかでも、フォトジャーナリスト広河隆一氏、財務省事務次官の福田淳一氏らにも、セクハラを訴える被害者が登場し、とくに福田氏のケースは、いわば官僚の頂点の人物だっただけに、大騒動となり、かれは直ちに辞任に追い込まれました。

伊藤詩織さんのケースは、性犯罪として、刑罰の対象となる可能性がありますが（日本のそれが諸外国と比べて訴訟へのハードルが高すぎる、つまり男性に有利なものとなっているという議論はともかく)、職場内でのいわゆるセクハラは、男女雇用機会均等法に規定されています。

雇用の分野における男女の均等な機会及び待遇の確保等に関する法律(男女雇用機会均等法)

(職場における性的な言動に起因する問題に関する雇用管理上の措置)

第一一条① 事業主は、職場において行われる性的な言動に対するその雇用する労働者の対応により当該労働者がその労働条件につき不利益を受け、又は当該性的な言動により当該労働者の就業環境が害されることのないよう、当該労働者からの相談に応じ、適切に対応するために必要な体制の整備その他の雇用管理上必要な措置を講じなければならない。

要するに職場で「性的な言動」をされることによって、労働条件について不利益を被る場合と、就業環境が害される場合の二つが挙げられているわけです。

ただし、この場合は、「職場」は、会社以外に、取引先や打ち合わせ、接待をした飲食店、顧客の自宅、出張先、営業車の中も含めますので、飲食店での打ち合わせ中に卑猥な言葉を吐き続けたという福田元事務次官のケースや、海外出張時に関係を迫ったという広河氏のケースもこれに含まれます。

性的な言動って？
厚生労働省作成のガイドラインを知っておこう

では、どういうものが性的な言動にあたるのでしょうか？

厚生労働省配布の「事業主の皆さん　職場のセクシュアルハラスメント対策は、あなたの義務です」と題されたリーフレットには、次のように記されています。

①性的な内容の発言

性的な事実関係を尋ねること、性的な内容の情報（噂）を流布すること、性的な冗談やからかい、食事やデートへの執拗な誘い、個人的な性的体験談を話すことなど

②性的な行動
性的な関係を強要すること、必要なく身体へ接触すること、わいせつ図画を配布・掲示すること、強制わいせつ行為、強姦など

具体的には、しつこく食事に誘ったり、不自然にボディタッチをしたりすること、「ブス」「デブ」「チビ」「ハゲ」「オバサン」「行き遅れ」「童貞」など、外見や私生活についての性的な発現もすべてセクハラにあたります。女性社員に対する「ちゃんづけ」、男性社員に対する「くんづけ」も、相手が不快に思えば、セクハラ発言になりえます。

さらに、相手に直接言うわけではなくても、異性がいるところでの下ネタ、猥談も、不快に感じる人がいればセクハラ発言と見なされますから、飲み会などの席では、とくに注意が必要でしょう。グラビアアイドルのポスターなどを自分のデスク周りとはいえ、人目につくところに貼ったり、デスクの上に、漫画キャラクターなどのセクシーフィギュアを置いたりすることも同様です。

「マタハラ」も「パワハラ」も「セクハラ」も、要は権利侵害。裁判ともなれば、民法第七〇九条などの損害賠償を求められます

では、実際に、訴訟になったときに、どういう法律が適用されるのでしょうか？

まず、相手に対する刑法の「名誉毀損罪（二三〇条）」や「侮辱罪（二三一条）」。会社に対しては、セクハラ対策（使用者の安全配慮義務）を怠ったとして労働契約上の義務違反による民法四一五条の損害賠償請求を起こすことができます。また、これから何度か登場することになる「**民法第七〇九条（不法行為による損害賠償）**」での責任も会社、加害者双方に問えます。

民法　第七〇九条　故意又は過失によって他人の権利又は法律上保護される利益を侵害した者は、これによって生じた損害を賠償する責任を負う。

刑法　第二三〇条①　公然と事実を摘示し、人の名誉を毀損した者は、その事実の有無にかかわらず、三年以下の懲役若しくは禁錮又は五十万円以下の罰金に処する。

執拗なセクハラ発言によるつきまといの場合は、ストーカー規制法（平成十二年法律第八一号　ストーカー行為等の規制等に関する法律）違反となり、警察からの警告、命令が出されます。

ここで、さまざまなハラスメントで、会社や当該上司などを提訴する、あるいは、提訴されるときに根拠となる法律について整理してみましょう。

まず、日本国憲法。これは、基本的人権の問題で間接的に適用されます。

憲法第一一条。続いて、第一三条でしょうか。

日本国憲法　第一一条【基本的人権の享有】

国民は、すべての基本的人権の享有を妨げられない。この憲法が国民に保障する基本的人権は、侵すことのできない永久の権利として、現在及び将来の国民に与へられる。

日本国憲法　第一三条【個人の尊重・幸福追求権・公共の福祉】

すべて国民は、個人として尊重される。生命、自由及び幸福追求に対する国民の権利については、公共の福祉に反しない限り、立法その他の国政の上で、最大の尊重を必要とする。

以上は、セクハラ、マタハラ、パワハラ、すべてに該当します。

パワハラについては、ここに、民法第四一五条も該当する可能性があります。

債務不履行による損害賠償です。

（債務不履行による損害賠償）

民法　第四一五条　債務者がその債務の本旨に従った履行をしないときは、債権者は、これによって生じた損害の賠償を請求することができる。債務者の責めに帰すべき事由によって履行をすることができなくなったときも、同様とする。

企業には従業員を守る義務があるからです。

労働契約法　第五条　使用者は、労働契約に伴い、労働者がその生命、身体等の安全を確保しつつ労働することができるよう、必要な配慮をするものとする。

それにもかかわらず、ハラスメントの損害を与えてしまった、そのことによる民法四一三条の契約義務違反としての損害賠償を求める、というわけです。さらには、民法第七一五条の責任もあります。

（使用者等の責任）
民法　七一五条①　ある事業のために他人を使用する者は、被用者がその事業の執行について第三者に加えた損害を賠償する責任を負う。

例に挙げたトヨタのパワハラによる自殺事件について、労災を認定された遺族が、直接パワハラを行った上司ではなくて、会社に損害賠償を求めているのは、この条文を根拠にしたものです。ただし、この条文には続きがあって、

ただし、使用者が被用者の選任及びその事業の監督について相当の注意をしたとき、

又は相当の注意をしても損害が生ずべきであったときは、この限りでない。

とあります。つまり、十分な教育をやって、監視も十分にしていた場合には、会社は責任を負わない、ということもあり得るということです（ただし、被害を与えた本人への請求を妨げるものではありません）。

では、パワハラやマタハラに複数の人が絡んでいて、誰が決定的なダメージを被害者に与えたのか分からない場合はどうなるのでしょうか？

答えは、連帯責任です。

民法　第七一九条①　数人が共同の不法行為によって他人に損害を加えたときは、各自が連帯してその損害を賠償する責任を負う。共同行為者のうちいずれの者がその損害を加えたかを知ることができないときも、同様とする。

で、同じく民法第七〇九条は、不法行為による損害賠償の規定をしています。加害者と被害者の間では不法行為責任ということになります。

民法　第七〇九条　故意又は過失によって他人の権利又は法律上保護される利益を侵害した者は、これによって生じた損害を賠償する責任を負う。

続く第七一〇条は、財産以外の損害への賠償についての規定です。精神的苦痛に対しても、第七〇九条と同じことが適応されるということです。

民法　第七一〇条　他人の身体、自由若しくは名誉を侵害した場合又は他人の財産権を侵害した場合のいずれであるかを問わず、前条の規定により損害賠償の責任を負う者は、財産以外の損害に対しても、その賠償をしなければならない。

ハラスメントに、暴力が加わると、刑法の傷害罪、暴行罪が問われます

　ここまでは、おもに賠償金など、お金での損害賠償を訴える方法を述べてきましたが、指導と称して体罰が行われ、重傷を負わせたり、場合によっては、死に至らしめたりすることもあります。この場合は、刑法の傷害罪、暴行罪が当たります。

（傷害）
刑法　第二〇四条　人の身体を傷害した者は、十五年以下の懲役又は五十万円以下の罰金に処する。

　その結果、死んでしまうと、傷害致死罪です。

（傷害致死）
刑法　第二〇五条　身体を傷害し、よって人を死亡させた者は、三年以上の有期懲役に処する。

　相手が怪我をしなかった場合でも罪になります。それが暴行罪です。

（暴行）

刑法　第二〇八条　暴行を加えた者が人を傷害するに至らなかったときは、二年以下の懲役若しくは三十万円以下の罰金又は拘留若しくは科料に処する。

実際には損害を与えなくても、おまえなんかクビなどと言って脅迫すると、当然、脅迫罪になります。

（脅迫）

刑法　第二二二条①　生命、身体、自由、名誉又は財産に対し、害を加える旨を告知して人を脅迫した者は、二年以下の懲役又は三十万円以下の罰金に処する。

名誉毀損も、「刑法」の対象です！

ところで、先に挙げた伊藤詩織さんの事件では、民事で責任ありとの判決を受けた山口敬之氏は、控訴とともに、詩織さんを名誉毀損で訴えるとしています。
名誉毀損は、刑法上の罪にもなりえますが、民法にも規定があります。

（名誉毀損）
刑法　第二三〇条①　公然と事実を摘示し、人の名誉を毀損した者は、その事実の有無にかかわらず、三年以下の懲役若しくは禁錮又は五十万円以下の罰金に処する。

（名誉毀損における原状回復）
民法　第七二三条　他人の名誉を毀損した者に対しては、裁判所は、被害者の請求により、損害賠償に代えて、又は損害賠償とともに、名誉を回復するのに適当な処分を命ずることができる。

民法上も、損害賠償やメディアなどでの謝罪が必要になることがあるということです。

同じように厳しく叱っても、慕われる人と、パワハラと訴えられる人がいるのはなぜ？

パワハラにしろ、セクハラにしろ、指導や監督、およびその判定が難しいものです。一概に、こういうことを部下に対して言ってはいけない、とは言いきれない部分があるということです。同じことを言ってもセクハラととられることもあれば、褒め言葉ととらえられることもあります。言う人自身の問題である場合もあれば、受けとる側が普通の人とは違った受け止め方をする場合もあります。

パワハラにしても、暴力や、お前死ね、のような人格を否定するような言い方は論外として、相手のためを思って、いろいろ言う、ときに厳しく指導する、というのは必要なことでしょう。

では、どうすれば、パワハラにならないのか？　私もよく相談を受けます。で、私がお答えするのは、**要するに信頼関係の問題**だ、ということです。

私はいつも、コミュニケーションについては、「意味」と「意識」の二つが必要ということをお話ししています。

同じことでも好きな人から言われたらやりたいけれど、嫌な人から言われたらやりたくない。それは、「意味」の問題ではなくて、「意識」の問題だからです。

だから普段から、この人の言うことなら聞いていいかとか、さらに言えば、この人は尊敬に値する、と思われていることがとても大事なのです。

ピーター・ドラッカーは、「リーダーは部下の模範にならないといけない」、と言いましたが、普段から模範となるようなリーダーであるかどうかが重要で、それがないところで、君のためだと称して厳しい指導をすれば、暴言や脅迫ととられてしまってもしかたないでしょう。

最近は、褒めて育てるというのが、職場内でも流行っているようです。たしかに、きつく言ったほうがいいタイプと、ちょっと優しく褒めながら育てたほうがいいタイプといった具合に一人ひとりをよく見極めることが大事ですし、後者の割合が増えてきているのも事実でしょう。

でも、誤解を恐れずに言わせていただければ、「自分は褒められて育つタイプです」なんて自分で言っているような人で、育った人は見たことがありません（笑）。

もし、親に叱られないでここまでやってきたのだとしたら、ちゃんと言ってくれる先輩や上司を有難く思ったほうがいいと思います。

その場合も、その先輩なり上司なりとの間に、意識の共有＝信頼関係があればこそのことではありますが。


これは、個々人の努力、それこそ、意識の問題でできることでもありますが、**組織全体に連帯意識があると、状況は大きく異なります。**ちょっと厳しいことを言われたとしても、会社に対する愛着や信頼があると、かなり違ってくると思います。たとえば、社内旅行や課内旅行で、同じ部屋に泊まったとか、同じスポーツをしたとか、忘年会で少し分かりあえたとか、そんなことでも、連帯感、一体感を育むことはできます。

最近、職場のいじめやパワハラが表面化するほど増えてきたのは、そうした組織の連帯感が以前ほどはなくなっているからかもしれませんね。

この章に出てきた主な法律と法律リテラシー

❶労働基準法では、使用者は、産前休業を本人が申請した場合に、六週間は与えなければいけないとされていた。つまり、申請がなければ、与えなくてもよかった。

産後は、八週間または六週間は、休業させなければならなかった。つまり、本人が希望しても就業できなかった。

労働基準法　第六五条　①　使用者は、六週間以内に出産する予定の女性が休業を請求した場合においては、その者を就業させてはならない。

②使用者は、産後八週間を経過しない女性を就業させてはならない。ただし、産後六週間を経過した女性が請求した場合において、その者について医師が支障がないと認めた業務に就かせることは、差し支えない。

❷育児休業を、申し出れば誰もが取得できる権利として規定されたのは、平成三年に「育

児休業、介護休業等育児又は家族介護を行う労働者の福祉に関する法律」(育休介護休業法)が制定されてからのこと。申し出るのは、母親とは限らない。父親にも権利がある。いわゆる「男性の育児休暇」。

育児休業、介護休業等育児又は家族介護を行う労働者の福祉に関する法律
第五条① 労働者は、その養育する一歳に満たない子について、その事業主に申し出ることにより、育児休業をすることができる。(後略)
第六条① 事業主は、労働者からの育児休業申出があったときは、当該育児休業申出を拒むことができない。(後略)

❸これらは労働者の側から申し出ない限り得られないが、使用者は申し出を拒否できない。また、これらの休業は、法的には「ノーワーク・ノーペイ」の原則に基づき、無給。

第一〇条 事業主は、労働者が育児休業申出をし、又は育児休業をしたことを理由として、当該労働者に対して解雇その他不利益な取扱いをしてはならない。

❹パワハラについては、「職場でのパワーハラスメント（パワハラ）防止を企業に義務付ける労働施策総合推進法の改正法（通称、パワハラ防止法）」が制定され、二〇二〇年六月から施行されることとなり、そのガイドラインも作成されているが、「セクハラ」については、「男女雇用機会均等法」に規定があるのみ。

❺「マタハラ」も「パワハラ」も「セクハラ」も人権問題。場合によっては、相手に対する「名誉毀損罪」や「侮辱罪」、会社に対しては、セクハラ対策義務を怠ったとして損害賠償請求を起こすことができる。

民法第七〇九条　故意又は過失によって他人の権利又は法律上保護される利益を侵害した者は、これによって生じた損害を賠償する責任を負う。

刑法第二三〇条①　公然と事実を摘示し、人の名誉を毀損した者は、その事実の有無にかかわらず、三年以下の懲役若しくは禁錮又は五十万円以下の罰金に処する。

民法　第七二三条　他人の名誉を毀損した者に対しては、裁判所は、被害者の請求により、損害賠償に代えて、又は損害賠償とともに、名誉を回復するのに適当な処分を命ずることができる。

労働契約法　第五条　使用者は、労働契約に伴い、労働者がその生命、身体等の安全を確保しつつ労働することができるよう、必要な配慮をするものとする。

❻ハラスメントによって身体的危害が及ぼされた場合は、刑法の傷害罪などの対象となる。

刑法二〇四条　人の身体を傷害した者は、十五年以下の懲役又は五十万円以下の罰金に処する。

刑法二〇五条　身体を傷害し、よって人を死亡させた者は、三年以上の有期懲役に処する。

刑法二〇八条　暴行を加えた者が人を傷害するに至らなかったときは、二年以下の懲役若しくは三十万円以下の罰金又は拘留若しくは科料に処する。

column

1 民法と刑法

民法や刑法の話が出ましたが、法学部学生が、基礎的な法律としてかなりの時間をかけて学ぶのが、憲法、民法、刑法です。憲法については、この本の最後で、私なりの憲法第九条の解釈を述べながら、憲法そのものについても基本的な考え方を説明しています。

憲法は、主に、国家や公権力と国民の権利、義務、そして三権分立などの統治機構について説明したものです。

民法では、当事者同士の利害関係をいかに調整するかということに主眼が置かれています。民法は五つの「編」に分かれている法律です。第一編の「総則」は民法全体に通じる基本的なルールを定めたものです。たとえば、（基本原則）として

第一条① 私権は、公共の福祉に適合しなければならない。
② 権利の行使及び義務の履行は、信義に従い誠実に行わなければならない。
③ 権利の濫用は、これを許さない。

から始まります。「公共の福祉」、「信義誠実」、「権利の濫用」などの言葉が出てきます。次に（解釈の基準）として

第二条 この法律は、個人の尊厳と両性の本質的平等を旨として、解釈しなければならない。

とあります。第一条、第二条は、いわば基本姿勢です。（第九〇条には「公の秩序又は善良の風俗に反する法律行為は、無効とする。」とありますから、殺人の契約などは無効と考えていいでしょう。）

続いて、もう少し具体的になります。

第三条①　私権の享有は、出生に始まる。

といったように、「私権」は出生から始まる。つまり、出生前には私権は有しないといったことを定めています。（ただし、第七二一条のように「**胎児は、損害賠償の請求権については、既に生まれたものとみなす。**」といった規定もあります。この場合も「損害賠償の請求権が胎児にある。」と言っているのではなく、損害賠償の請求については「（胎児は）既に生まれたものとみなす。」ということ、つまり「出生」しているとみなすことで「私権を享有」していると考えるのです。）

さらに第四条にはこんな規定があります。

第四条　年齢二十歳をもって、成年とする。

後に「成年」が条件となる行為が出てくるからです。ただし、この規定は二〇二二年四月一日から「二十歳」を「十八歳」に改めることとなっています。社会の変化で条文が変わるわけですね。

民法はこの第一編の総則の他に、第二編「物権」、第三編「債権」、第四編「親族」、第五編「相続」と続きます。「物権」では、「占有権」、「所有権」、「地上権」、「質権」、「抵当権」などの権利について定めています。

物権では、有名な、

第一七七条　不動産に関する物権の得喪及び変更は、（中略）その登記をしなければ、第三者に対抗することができない。

第一七八条　動産に関する物権の譲渡は、その動産の引渡しがなければ、第三者に対抗することができない。

つまり、「不動産」に関しては「登記」を、「動産」に関しては「引渡し」がなければ、第三者との関係では、対抗できないということです。

第三編は「債権」です。債権とは、ある人がある人に対して特定の行為を請求する権利を言います。逆に債権の反対側には、特定の行為を行う義務があり、それを「債務」といいます。第三編では、債権や債務がどのようなときに発生し、消滅するかが定められています。この本でもすでに出てきた有名な第七〇九条もこの第三編に含まれます。

第七〇九条　故意又は過失によって他人の権利又は法律上保護される利益を侵害した者は、これによって生じた損害を賠償する責任を負う。

故意や過失で他人の権利や法律上の利益を侵害したら、その損害を賠償するという「債務」が生じるということですね（「契約」に関しては、第六章でもう少し詳しく出てきます)。

ちなみに、二〇二〇年四月から、民法が約二〇〇項目にわたり改正されます。主なものは、この「債権」に属するものが多く、とくに「保証」が変わります。

アパートなどを借りる場合に連帯保証人を必要とする場合があります。その際、契約時に、将来の保証額が特定されていないものを「**根保証**」といいますが、現状は上限が定められていないものがほとんどです。今回の法改正では、**上限額が定められていない根保証の契約は無効となります**。

また、携帯電話やクレジットカードなどには細かい「約款」がありますが、それについてもルールが明確となり、**信義則に反して消費者の利益を一方的に害するような約款は無効となります**。

お金を借りた場合などで事前に金利の取り決めをしなかった場合に適用される「**法定利率**」**も、現状五%と高いものを三%とし、今後は三年に一度見直されるようになります**。

民法の第四編は「親族」で、家族や家庭に関する問題の対処のための条文です。

第五編は「相続」です。人が死亡した場合に、その財産や債務をだれがどのように受け継ぐかを定めています。

＊＊＊

一方、「刑法」は、何をしたら罪になるかということを定めた法律です。一般的に三つの条件が整った時に犯罪として処罰されます。「**構成要件**」、「**違法性**」、「**責任**」です。順に簡単に見ていきましょう。

まず、一つ目の要件は、「**構成要件**」です。たとえば、

刑法第一九九条　人を殺した者は、死刑又は無期若しくは五年以上の懲役に処する。

この場合、殺人罪ですが、「人を殺す」という行為をなすことが構成要件に該当す

ることとなります。
二つ目の要件は「**違法性**」です。「正当防衛」や「緊急避難」という言葉を聞いたことがあると思いますが、

第三六条① 急迫不正の侵害に対して、自己又は他人の権利を防衛するため、やむを得ずにした行為は、罰しない。

とあります。つまり、構成要件に合致しても、自己を守る正当防衛や他人を守るためにやむを得ない場合には、罰することをしないというわけです。
第三の要件は「**責任**」です。よくテレビのニュースなどでも、「責任能力」の有無が問題となることがあります。条文には次のように書かれています。

第三九条① 心神喪失者の行為は、罰しない。

②　心神耗弱者の行為は、その刑を減軽する。

行為時に心神喪失（精神障害などにより、判断能力や自分をコントロールできる能力を欠いている）場合には、罰しないということです。自分の意志で犯罪を行うことをコントロールできたかどうかを問題としているのです。心神喪失よりも程度の低い心神耗弱の状況では、刑が軽減されると規定されています。また四一条に「一四歳に満たない者の行為は、罰しない。」との「責任年齢」についての規定もあります。

刑法では、このように、①「構成要件」、②「違法性」、③「責任」の三段階で罪として罰することが適切かどうかを判断していますが、刑法の条文の多くは、「構成要件」と刑罰の重さを規定しています（刑法に関しては、次の章でさらに詳しく説明します）。

＊＊＊

ここで少し触れた民法や刑法以外にも無数と言っていいほどの法律が存在しますが、

法律の基本的な考え方が分かっていると、ビジネスや日非常生活で起こるさまざまなことに対して、どういう法律が適用され、法律が基本的にどう考えているのかはおおよそ分かってくるようになります。

これ以降の章でも、民法や刑法の考え方や条文が出てきますので、多くの考え方を学んでください。

第3章

道路交通法違反と刑法、民法

SNS時代、茨城あおり運転殴打事件に見る、誰もがいつ巻き込まれても不思議でない事件と法律

茨城常磐道あおり運転殴打事件から、道路交通法と刑法との関係を知る

少し前、茨城県の常磐道で、あおり運転で煽られたうえ、停車させられ殴られた被害者の映像が報導されたことから、犯人が全国手配され、連日連夜テレビのワイドショーを賑わしていたことがありました。

あおり運転については、死亡事故につながった事件もあって社会問題化してきていたものの、この茨城の事件が、被害がさほど大きくなかった割には大きく騒がれたのは、犯人があちこちで、あおり運転を繰り返していた疑いがあること、そういう犯人が逃走しているのだから、高速道路を運転する誰もが被害にあう可能性があること、さらには、暴行の様子を加害者に同行していた女性がガラケーのカメラで撮影していたからでした。

そこで明らかになったのは、死亡事件につながっても不思議ではない危険な行為であるにもかかわらず、今回のケースでは**たとえ捕まっても、刑が軽すぎる**ことでした。取り締まる法律が、「道路交通法」しかないのです。その中の「車間距離違反」とか、その程度にしかなりません。で、科せられるのも、「罰金」ではなく、「反則金」です。

罰金も反則金もたいした違いはないと思われるかもしれませんが、とんでもない！　**「罰金」というのは、「刑罰」です。だから、罰金をくらうということは、前科者になるということ**でもあります。

刑法　第九条　死刑、懲役、禁錮、罰金、拘留及び科料を主刑とし、没収を付加刑とする。

でも、罰金を科すには、裁判が必要です。それが、道路交通法違反には、罰金ではなく、反則金が科せられるようになっている理由です。

道路交通法ができたばかりのころ（昭和三五年）はよかったかもしれませんが、その後、車がどんどん増えるにしたがって、道路交通法違反もどんどん増える。一時停止違反や最高速度違反、通行違反などでいちいち裁判をやってはいられない。

というわけで、重度なものでなければ、刑罰を与えないことになったのです。

これを、「交通反則通告制度」といいます。科せられるお金も罰金ではなく、「反則金」となりました。ただ、反則金を支払わなかったり、違反点数6点以上の重大な違反（赤切符）を犯した、または、刑事罰の手続きが進められて有罪判決が出た際には、罰金が科せられます。

で、あおり運転の話に戻りますと、これには、「車間距離不保持」（接近しすぎ）（道路交通法第二六条）と「最低速度違反」（高速道路で時速五〇キロ）（道路交通法第七五条）が適用されますが、それぞれせいぜい六〇〇〇円〜九〇〇〇円の反則金にしかなりません。場合によっては、裁判に掛けられ、刑罰が科せられることもありますが、その場合も、「五万円以下の罰金」、あるいは、「三ヵ月以下の懲役」です。

これでは、あおり運転に対する抑止力としては、あまりにも弱い。実際、危険なあおり運転は相次いでいます。

道路交通法違反では、過去三年間の違反点数の累積が六点になると、最も重い免許停止となります。あおり運転では、先の車間距離不保持違反（高速道路で二点）、急ブレーキ禁止違反（二点）などと、点数を積み上げていくことで、現在も、免停にまではもっていくことができますが、「あおり運転罪」というのはありません。

そこで、今後は、あおり運転と見なされたら、累積点数にかかわりなく、ただちに最長一八〇日間の免許停止とすることが決まり、さらには、免許取り消しへの厳罰化も急がれているようです。

さて、話題になった常磐道のあおり運転殴打事件については、刑法上の「暴行罪」も加わりましたが、これとて、「二年以下の懲役若しくは三十万円以下の罰金又は拘留若しくは科料」にすぎません（☞刑法第二〇八条）。幸か不幸か、ケガはなかったため「傷害罪」は適用されないからです。

暴行罪は、人に対し暴行を加えた場合で、相手がケガを負わなかったときに成立する罪です。相手が傷害を負った場合は「傷害罪」（☞刑法第二〇四条）に当てはまります。

刑法　第二〇四条　人の身体を傷害した者は、十五年以下の懲役又は五十万円以下の罰金に処する。

刑法　第二〇八条　暴行を加えた者が人を傷害するに至らなかったときは、二年以下の懲役若しくは三十万円以下の罰金又は拘留若しくは科料に処する。

ちなみに、傷害の結果、相手が死亡した場合は、刑法第二〇五条に定められる「傷害致死罪」となります。

刑法　第二〇五条　身体を傷害し、よって人を死亡させた者は、三年以上の有期懲役に処する。

何人も、法律に定められる手続きによることなく、刑罰を受けたり、自由を奪われたりしない

法律リテラシーを身につけるという観点から、ここで留意すべきポイントは、いくらあおり運転が危険でも、「あおり運転罪」というのが法律で規定されていない以上、あおり運転そのもので罰せられることはない、ということです（ですから、それを罪にしようとする動きが起こっているのです）。これは、憲法に規定があります。

日本国憲法　第三一条　何人も、法律の定める手続によらなければ、その生命若しくは自由を奪はれ、又はその他の刑罰を科せられない。

公権力が恣意的に国民の生命や自由を奪うことはできず、法律の定めるところに従って刑罰を科されるということです。**罪刑法定主義**と呼ばれます。

当たり前だと思うかもしれませんが、英米では、原則は日本と同じでも現実には、あいつは悪いからほかの規定を類推適用して懲役にしちゃおうということもあるようです。判例の積み重ねによって法体系ができあがっている「**判例主義**」だからです。

でも日本の法体系は、ドイツのものを参考につくられた「**罪刑法定主義**」ですので、刑法で定められている行為（構成要件）をしていない限りは、罰せられないのです。だから、あおり行為自体を法律で規定しなければ、今の道路交通法などでは、それを罰することはできないのです。

さらに、たとえあおり運転罪のような罪ができたとしても、その適用は、なかなか難しくるでしょう。

実は、危険運転そのものによる事故を、従来の過失傷害致死より重い刑に処することのできる法律は「**危険運転致死傷罪**」といって、二〇〇一年（平成一三年）の刑法改正時に、刑法に新設されています。おもに、飲酒運転による事故が当時頻発していたことによります。

これはあくまでも、刑法規定の改正だったわけですが、現実には刑罰の適用条件が厳しくて、起こしてしまった事故の割には、罰が軽いというケースが相変わらず続いていました。このため、二〇一三年（平成二五年）、「**自動車の運転により人を死傷させる行為等の処罰に関する法律（自動車運転処罰法）**」（平成二五年一一月二七日法律第八六号）として刑法から独立して、規定されることになります。

過失運転致死傷罪と危険運転致死傷罪の間の高い壁

とはいえ、自動車運転処罰法第五条の過失運転致死傷罪（七年以下の懲役若しくは禁錮又は百万円以下の罰金）等での検挙人数は五六万六九七六人に対し、より刑罰の重い第二条の危険運転致死傷罪（人を負傷させた者は十五年以下、死亡させた者は一年以上の有期懲役）での検挙人数はわずか四六三人（平成二七年度版犯罪白書）。

たとえば、「上級国民」なる言葉とともに、国民から大きな反感を受けた八七歳の元官僚による母子二名の死者を含む池袋暴走致死傷事件の罪も、心身の衰えを自覚しながら運転していたものですが、「過失運転致死傷罪」で書類送検され、情状によっては実刑を免れる可能性が高いとされています。

また、二年前、高速道路上で、あおり運転によって車を強制的に停車させられ、そこに後ろから来たトラックが追突し、夫婦二人が亡くなった事件がありましたが、こちらも当初は、「過失運転致死傷罪」での逮捕でした。それですと、「七年以下の懲役若しくは禁錮又は百万円以下の罰金」。これは通常の人身事故と変わらない刑罰で、罰金刑ですむ可能性すらあるというので、大きな社会問題になりました。

実際の裁判では、自動車運転処罰法の「危険運転致死傷罪」などに問われ、一審の横浜地裁で懲役一八年とされましたが、被告側はただちに控訴。「危険運転にはあたらない」

などと改めて無罪を主張しています（その後、東京高裁は、危険運転致死傷罪は成立するとしたものの、「一審手続きに明らかな法律違反がある」として、地裁に審理を差し戻しました）。

このように、日本では、何人も、法律に定められる手続きによることなく、刑罰を受けたり、自由を奪われたりしない、そして、**法律に定められる手続きは、「疑わしきは被告人の有利に」の原則から、刑罰を科すには厳格です。**

一方、当初おもに飲酒運転を想定していた「危険運転致死傷罪」については、あおり運転と高齢者による運転による事故の増加によって、あらたな規定、要件が加えられていく可能性が高いと考えられます。

ただし、将来、万一、「おおり運転により死亡事故を起こした場合は、危険運転致死傷罪を適用する」という法律の条文ができたとしても、これまであおり運転で死亡事故を起こした者が過去に遡ってその適用を受けることはありません。

これは、**遡及処罰の禁止**といって、何人も、実行のときに適法であった行為、または既に無罪とされた行為については、刑事上の責任は問われない、ということです。こちらも、日本国憲法にちゃんと規定があります。

> 日本国憲法　第三九条　何人も、実行の時に適法であつた行為又は既に無罪とされた行為については、刑事上の責任を問はれない。又、同一の犯罪について、重ねて刑事上の責任を問はれない。

要するに、あとで作った法律で罰することはできないということです。そうしないと、国家権力が、こいつ気に食わないから、何か法律作って、過去のことで刑務所入れちゃえ、なんてこともできてしまいますから、当然と言えば当然です。でも、戦前はできました。その反省からできた規定です。なお、この条文の後半部分は「**一事不再理**」といって、同じ犯罪で二度刑事裁判にかけられることはないということが規定されています。

心神喪失なら無罪!?

このように、日本では、「罪刑法定主義」のもと、刑罰を与えるには、構成要件を厳格に満たしていることが必要となります。

さらに、あきらかに被告に非がある場合でも、よく使われるのが、「心神喪失」。先のコラムでも説明したように、**責任能力**が問われるのです。

心神喪失状態だと、責任能力がないという理由で、罪に問われないのです！

刑法第三十九条にあります。

刑法　第三九条①　心神喪失者の行為は、罰しない。
②　心神耗弱者の行為は、その刑を減軽する。

責任能力の判定基準についても、規定がありますが、実際には、そのとき極度な精神状態から「心神喪失の状態にあった」という理由で、凶悪事件が無罪になったりということがときどきあり、論議の起こる点です。今回のあおり運転殴打事件、八七歳池袋暴走事件でも、「心神喪失」あるいは「心神耗弱」状態かどうかも論点となる可能性があります。

さらに、これに関連して、加害者の責任能力の有無について最近、注目されているのが、いわゆる「相模原知的障がい者施設殺傷事件」です。刺殺した人数が一九人にも及びます。こちらも「心神喪失」あるいは「心神耗弱」で無罪または罪が軽減される可能性がありますが、被告人自らが被告人質問でそれを否定するという異例の展開となっています。

ＳＮＳ時代、他人事ではない！あおり運転殴打事件が示したもうひとつの法律問題

茨城のあおり運転殴打事件では、もうひとつ、このＳＮＳ時代、私たちも、いつ巻き込まれてもおかしくない（つまり、加害者になる可能性も被害者になる可能性も高い）法律問題が登場することになりました。通称「ガラケー女デマ拡散」事件です。

容疑者が被害者を窓から殴打している様子を、容疑者の同伴の中年女性が携帯電話で撮影している様子もまた、ドライブレコーダーに残されていたのですが、そのケータイが、

今時珍しいガラケーであったため、「ガラケー女」として非難の声と共に広がり、こうした場合の常として、ただちに本人特定競争が始まりました。

で、ほとんど根拠のないままガラケー女とされてしまったA子さん。その写真と個人情報の拡散に大きな影響力を持ったのが、豊田市市議のリツイートでした。誤情報と気づいて削除したときには、時すでに遅し。社会的地位のある人のリツイートに大炎上。A子さんはいわれのない中傷誹謗にパニック状態に。後に、本当のガラケー女が逮捕されたところで、A子さんは、百万円の慰謝料を求めて、市議を名誉毀損で訴えました。

この「**不法行為による損害賠償**」を規定する民法第七〇九条は、ここまでも何度か出てきましたが、とても有名な条文で、とくに誰もが発信力を持った今、誰もが、加害者にも被害者にもなりうるものですのでぜひ知っておきたいものです。

民法　第七〇九条　故意又は過失によって他人の権利又は法律上保護される利益を侵害した者は、これによって生じた損害を賠償する責任を負う。

民法　第七一〇条　他人の身体、自由若しくは名誉を侵害した場合又は他人の財産権を侵害した場合のいずれであるかを問わず、前条の規定により損害賠償の責任を負う者は、財産以外の損害に対しても、その賠償をしなければならない。

民法　第七二三条　他人の名誉を毀損した者に対しては、裁判所は、被害者の請求により、損害賠償に代えて、又は損害賠償とともに、名誉を回復するのに適当な処分を命ずることができる。

さらには、自分は加担していなくても共同責任を負わされることがあるので、注意が必要です。いわゆる「連帯責任」です。

民法　第七一九条①　数人が共同の不法行為によって他人に損害を加えたときは、各自が連帯してその損害を賠償する責任を負う。共同行為者のうちいずれの者がその損害を加えたかを知ることができないときも、同様とする。

しかしながら、いま挙げたのは、民法です。先にも説明したように名誉毀損の場合はさらに、刑法上の刑事罰の対象となる可能性があります。刑事罰を科すわけですから、当然、厳密な事実関係の認定が必要にはなりますが、刑が確定すると、たとえ少額の罰金であったとしても、前科となってしまいます。

こちらも有名な刑法第二三〇条です。

たいていの場合、名誉毀損ですと、警察にこの刑法第二三〇条での被害を訴え、そこから民事訴訟を起こして、民法第七〇九条で、損害賠償請求をするというのが、セットになります。

（名誉毀損）

刑法　第二三〇条①　公然と事実を摘示し、人の名誉を毀損した者は、その事実の有無にかかわらず、三年以下の懲役若しくは禁錮又は五十万円以下の罰金に処する。

ただし、その人が死んでしまっている場合は、示した事実が虚偽である場合のみ、あるいは、生きているときでも公共の利害に関する事実を示し、かつその目的が専ら公益を図ることにあり、それが真実であったときは、これを罰しない、とあります（☞刑法第二三〇条②、二三〇条の二）。

これまでは、雑誌のスクープや評伝の出版などで、よく争われてきた点ですが、いまや素人が軽い気持ちで行った投稿や、ＳＮＳでの、過剰な正義感による執拗な非難、不用意な拡散などにも、この法律に触れるものが頻出してきているのです。多くは、無名での投稿となりますが、刑事事件となれば、ＩＰアドレスから個人を特定することができます。

被害を受けた場合も、泣き寝入りしないことです。

ただ、損害賠償を訴えても、相手にお金がなかったり、どうしても特定できない場合もあるため、最近では、プロバイダーを訴えるケースも増えています。そのため、プロバイダーのほうでも、悪質な書き込みの削除を積極的に行うようになっているようです。

繰り返しになりますが、法律そのものは変わらなくても、テクノロジーの進化により、誰もが被害者となり、加害者となる可能性が大きくなっていることに注意が必要ですね。

この章に出てきた主な法律と法律リテラシー

❶交通事故を起こした場合、道路交通法違反の「反則」なのか「刑罰」を科せられるかでは、天国と地獄。

刑法　第九条　死刑、懲役、禁錮、罰金、拘留及び科料を主刑とし、没収を付加刑とする。

❷刑法の過失致死傷罪では軽すぎるから、自動車運転死傷行為処罰法ができ、刑罰の重い危険運転致死傷罪が生まれたが、適用条件は厳しい。

日本国憲法　第三一条　何人も、法律の定める手続によらなければ、その生命若しくは自由を奪はれ、又はその他の刑罰を科せられない。

❸悪質なあおり運転で、証拠が認められれば、自動車運転死傷行為処罰法の、危険運転致

死傷罪のほかに、刑法の暴行罪、監禁罪、傷害罪が適用されることもある。

刑法　第二〇四条　人の身体を傷害した者は、十五年以下の懲役又は五十万円以下の罰金に処する。

刑法　第二〇八条　暴行を加えた者が人を傷害するに至らなかったときは、二年以下の懲役若しくは三十万円以下の罰金又は拘留若しくは科料に処する。

❹社会の変化に合わせて、法律は次々に生まれ、改正されているが、昔の行為を新しい法律で罰せられることはない。

日本国憲法　第三九条　何人も、実行の時に適法であつた行為又は既に無罪とされた行為については、刑事上の責任を問はれない。又、同一の犯罪について、重ねて刑事上の責任を問われない。

❺訴えられた被疑者の弁護士の常套手段、心神喪失。

刑法　第三九条① 心神喪失者の行為は、罰しない。

② 心神耗弱者の行為は、その刑を減軽する。

❻SNSでの炎上被害では、刑法の名誉毀損を警察に訴え、犯人逮捕とともに、民法の損害賠償を求めることが普通。

❼たとえ事実であっても、人のプライバシーを公開し、名誉を傷つけると、名誉毀損で訴えられる。

刑法　第二三〇条① 公然と事実を摘示し、人の名誉を毀損した者は、その事実の有無にかかわらず、三年以下の懲役若しくは禁錮又は五十万円以下の罰金に処する。

民法　第七〇九条　故意又は過失によって他人の権利又は法律上保護される利益を侵害し

た者は、これによって生じた損害を賠償する責任を負う。

❽不用意なSNS発言やリツイートで訴えられるリスクを誰もが知っておくべき。民法の賠償責任は、連帯責任もある。

民法　第七一九条①　数人が共同の不法行為によって他人に損害を加えたときは、各自が連帯してその損害を賠償する責任を負う。共同行為者のうちいずれの者がその損害を加えたかを知ることができないときも、同様とする。

第4章

個人情報保護法と独占禁止法

リクナビ「内定辞退率」問題に見る巨大ネット企業から個人を守る法律の必要性

「リクナビ内定辞退率問題」が露呈した企業の個人情報保護意識の低さ

通称「リクナビ内定辞退率問題」。二〇一九年九月六日、リクルートキャリア社が、就活情報サイト「リクナビ」の閲覧履歴をもとに内定辞退率を予測して販売したとして、厚生労働省東京労働局から、職業安定法違反で行政指導を受けていたことが発覚しました。

この件についての厚生労働省の怒りは大きく、データを販売したリクルートキャリア社のみならず、導入企業にまでその怒りの矛先を向けていますが、怒っているのは私も同様です。

「リクナビ内定辞退率問題」とは、「リクナビ」が就職活動中の学生の内定辞退率を予測したデータを、トヨタや三菱電機などに販売していた問題で、つまりは、**本人の同意なしに、個人情報を勝手に選別・加工して商売のタネにしていた、それも、その学生の一生に関わる可能性があるデータを、**です。とてもひどい話です。（そのような情報を「**要配慮個人情報**」と言いますが、後に詳しく説明します）

いまは売り手市場で学生が有利とはいえ、就活の手段がほぼ、リクナビとマイナビに限定されている学生の立場はやっぱり弱い。今後、求人の需給状況が変われば、ますます学生側が不利となります。

懸案の「リクナビDMPフォロー」でどんな取引がされていたかというと、企業は、採用試験を受けた大学新卒学生の名簿をリクルートキャリアに提出、同社が「リクナビ」のプラットフォーム上で得られた個人情報（就職活動の状況など）からその企業に対する「志望度の高さ」を数値化したものを「内定辞退率予測データ」と称して販売していた、というわけです。その数値化のロジックは明らかにされていません。

厚生労働省はリクルートキャリア社に対して、すでに職業安定法に基づく行政指導を実施。当のデータの提供が廃止となったことで、問題はひとまずは沈静化しましたが、個人情報の扱いに関しては、ことはリクルート社の信用問題にとどまらない大きな問題提起をすることとなった、と言ってよいでしょう。また、政府の個人情報保護委員会は、情報提供を受けていた企業を個人情報の扱いが不適切だったとして行政指導しましたが、この問題は個人情報保護法の現状の問題点を露呈したとも言えます。

ここで、焦点となるのは、「**個人情報保護法**」、**正式には、**「**個人情報の保護に関する法律**」で、平成一五年五月に公布、一七年四月に全面施行されました。その後、ITとAIの発達や事業のグローバル化によって、事業者による、当初は想定されなかった顧客データの活用が可能となってきていることを受けて、「改正個人情報保護法」が平成二七年九月に公布され、個人情報保護委員会によって、その適正な取り扱いの確保を図るさまざまな業務が行われています。

さて、今回のリクルート問題で、直接抵触するのは、**本人の同意なしでの、利用目的の制限**を定めた第一五条、第一六条と、第三者への提供を禁止した第二三条でしょう。

個人情報の保護に関する法律

第一五条① 個人情報取扱事業者は、個人情報を取り扱うに当たっては、その利用の目的（以下「利用目的」という。）をできる限り特定しなければならない。

② 個人情報取扱事業者は、利用目的を変更する場合には、変更前の利用目的と関連性を有すると合理的に認められる範囲を超えて行ってはならない。

第一六条① 個人情報取扱事業者は、あらかじめ本人の同意を得ないで、前条の規定により特定された利用目的の達成に必要な範囲を超えて、個人情報を取り扱ってはならない。

第二三条① 個人情報取扱事業者は、次に掲げる場合を除くほか、あらかじめ本人の同意を得ないで、個人データを第三者に提供してはならない。

今回の問題で対象となった学生は合計七万四八七八人。このうちプライバシーポリシーの不備により、同意を得ていなかった学生は七九八三人だったと言います。

つまり、法的に問われているのは、七九八三人だけということになるわけですが、だいたい、読まれないことを前提としているような詳細な個人情報に関する同意条項、たとえ、読んで同意したくないと思ったとしても、同意しなければ登録できないわけですから、「同意していた」ことになる七万四八七八人マイナス七九八三人、つまり、六万六八九五人にとっても、「同意」を盾に、リクルート側が権利を主張しても、とうてい納得できないでしょう。

リクルート社に対しては言うまでもなく、**あらゆる募集情報提供事業、さらには個人情報を扱うすべての企業に対する信頼が損なわれた**と言っても過言ではありません。

個人情報保護法の第四章第三節では、個人情報保護委員会が事業者等に対し、報告若しくは資料の提出の要求、立入検査、指導、助言、勧告又は命令を行うことができると規定しています。最初は勧告で、従わなかった場合は命令となるわけです。

「一般的な個人情報」、「要配慮個人情報（センシティブデータ）」と「プロファイリング」

マスコミでは以上のように議論されたことが多かったのですが、実は、この問題は、さらに深い問題を抱えていることも理解しなければなりません。「一般的な個人情報」と「要配慮個人情報（センシティブデータ）」の問題です。

ここで言う「要配慮個人情報」とは、本人のプライバシーに関するとくに配慮が必要な情報です。政治的信条や宗教に関することや病歴、犯罪歴などです。もちろん、内定辞退率などもそれに相当します。法律上は、その取得については、本人の事前同意を原則として必要とします。一方、一般的な個人情報に関しては、原則、事前同意は必要としません。誰が、どういう会社のホームページを見ているかなどの情報です。

ここで、もうひとつ考えないといけないのは、「プロファイリング」ということです。たいていの方が、スマホなどを見ていて、ある特定の広告が自身のスマホによく出てくるなと感じたことがあると思いますが、これは、私たちの検索情報をＡＩが分析して、個人の属性や嗜好を予想しているからです。これを「プロファイリング」と言います。性別、職業、趣味、年齢、嗜好などを予測して、特定の個人をターゲットとした広告などを提供するのです。

問題は、先ほど説明した一般的な個人情報から、要配慮個人情報が「創り出される」可能性があるということなのです。

たとえば、学生の企業のホームページの閲覧履歴やその滞在時間などから、ある特定企業への関心、さらには、特定企業への内定辞退率などをＡＩが解析することは可能だということなのです。

先ほども説明したように、要配慮個人情報の取得には、個人の同意が必要なことは言うまでもありませんが、一般的な個人情報から要配慮個人情報を創り出すような場合には、それをどこまで規制できるかは、現在、法律的にははっきりしない部分があるのです。

ですから、ここで取り上げている内定辞退率の問題も、**リクルートの行為は「倫理的」にはとても許される行為ではなくても、法律的には、職業安定法で対応するしかない、という問題が起こっている**のです。

「センシング」にも注意が必要

採用に関しては、もうひとつ問題になる可能性をもつものがあります。それは「センシング」というもので、人の身体的、生理的な反応をとらえることで、その人の本心が分かるというものです。

たとえば、人の静脈の動きをカメラでとらえることにより、その人がどういう精神状態にあるかを分析する技術も発達しています。人の表面的な表情だけでなく、静脈の状況により、その表情の裏に隠れる本心までもが分かるというのです。表面的には好意を示していても、実際にはそうでないということが分かるのです。

また、静脈分析だけでなく、表情や声のトーンの分析でも本心が分かる解析が可能と言われています。このような解析は、採用時だけでなく、場合によっては、政治信条などの判定にも使われる可能性があり、人権との関係でどこまで許容されるかは、今後の法律論を待つところです。

「情報」が大きなビジネスになる時代

「情報」が非常に大きなビジネスとなりつつあることが、今回のリクナビの問題を生んだとも言えるでしょう。個人の情報を多く集めることでビッグデータ化し、それをＡＩによってプロファイリングすることで、特定の個人の属性を推測することが可能となっているのです。**あくまでも「属性」までしか分かりませんが、それを企業などが個人そのものであるかのように類推する手段として用いている**のです。

後述するターゲティング広告などはその典型です。

スマホやＡＩの発達により、ビッグデータの収集、解析、プロファイリングということが可能となり、情報が非常に大きなビジネスチャンスを生んでいます。そのこと自体はビジネスチャンスを大きく広げる可能性を持っているのですが、それが進めば進むほど、個人情報や個人のプライバシーをどこまで保護するかという法律上の問題が生じ、今後もこの問題は大きな議論を生んでいくこととなりそうです。

欧州では、ＥＵが個人情報や個人の権利保護を強化するＧＤＰＲ（General Data Protection Regulation：一般データ保護規則）により、採用や融資など、個人の人生の将来に大きな影響を与える決定に関しては、ＡＩによるプロファイリングの評価のみで行ってはならず、原則として、人間が実質的に関わることを義務付けています。（第二二条）

「個人情報は個人のもの」という意識の欠如が生んだおごったデータ分析ビジネス

個人情報保護法の第一条には、この法律の目的として、次のようなことが書かれています。

個人情報の保護に関する法律
第一条　（前略）個人情報の適正かつ効果的な活用が新たな産業の創出並びに活力ある経済社会及び豊かな国民生活の実現に資するものであることその他の個人情報の有用性に配慮しつつ、個人の権利利益を保護することを目的とする。

ここまで説明したように、個人情報は新たなビジネスチャンスを創出し社会を豊かにする大きな可能性を秘めています。個人情報保護法もそのことを前提としていることを第一条で明記しています。そして、データが金になる。二一世紀の宝の山はデータだ、ということで、多くの企業がデータを用いたさまざまなビジネスを始めているなか、リクルートは学生のデータをハンドリングする基幹企業になりたかったんでしょうね。ただ、それが行き過ぎてしまった。

もしこれが、学生へのアドバイスに利用するビジネスモデルだったら問題なかったのではないでしょうか。得た情報から見て、あなたにはこういう傾向があるから、この辺は注意したほうがいいですよなどと。でもまあ、それでは儲からない、それよりてっとり早く企業からお金を取ろうと考えたのでしょう。でも、学生側を支援することでリクナビの人気が高まれば、結果として企業の間でのリクナビの価値が高まったはずです。

今回のことを契機に、そろそろ出始めていた就職活動方法の見直し、つまり、就活サイトへのエントリーではなく、企業のサイトへの直接応募など多様な応募、募集の動きが加速するかもしれません。

また、個人データを利用する側には、先に説明したEUのGDPR第二二条のように、個人の人生の将来に大きな影響を及ぼすことに関しては、AIだけでなく、必ず人間が関与するといった配慮も必要だという動きが日本でも出てくるでしょう。

いずれにしろ、**リクルート社に徹底的に欠けていたのは、「個人情報は個人のもの」と**

いう大原則です。そして、それは当該個人のために使うものであるということ。その原則のもとにビジネスモデルを考えていたら、こんなモデルは生まれてこなかったと思います。

この章の最初に、厚労省が激怒、と書きましたが、厚労省幹部は、「リクルートの顧客は企業だけではなく、学生でもあるはず。ビジネスの起点を忘れるとは言語道断だ」と言ったそうです（ダイヤモンドオンライン　2019.9.20）が、**まさに、学生のエントリーによって成り立つビジネスでありながら、学生のためを本当には思っていなかった、情報を学生のためには使おうとはしていなかったことが、問題の本質**だと思います。

ターゲティング広告で露呈する巨大プラットフォーマーの個人情報利用

さて、インターネットと個人情報という点で、このリクナビ問題以上に蔓延している問題がターゲティング広告で露呈しているフェイスブックやグーグルなどの巨大プラットフォーマーの個人情報利用でしょう。

二〇一九年の七月、米連邦取引委員会（FTC）は、フェイスブックが五〇億ドル（約五四〇〇億円）の制裁金を支払うことに合意したと明らかにしました（CNN Business）。八七〇〇万人規模の個人情報が、本人の同意なしに、英データ分析企業ケンブリッジ・アナリティカに流出させていたことを認めたわけです。

実際、グーグルで何か商品を検索すると、早速その商品や関連商品の広告が、フェイスブックや他のショッピングサイトやネットニュースなどを見ているときに頻繁に現れるようになる、そういう経験はどなたもしていると思います。自分の行動を監視されているようで、便利というより何やら怖くさえあります。

ターゲティング広告と呼ばれる手法で、一人一人のネット上での行動から、その人がほしいと推測される商品・サービスの広告を出すもので、AIの普及で、最近は、その精度も気味悪いほどに高まってきました。二〇一八年の夏頃だったか、日経新聞に、スマホの天気予報を見ていたら出てきたBMWの宣伝を見て、ああ、これがほしかったんだと、BMWを買った、という人の話が出ていました。そのくらい精度が高まってきているのです。参考までにその記事を載せておきます。

「8月。東京都中央区在住の男性会社員（40）は悩んでいた。SUBARUの小型車「インプレッサ」に長年乗り続けてきたが、今秋に車検が切れる。「買い替え時かな」。ふとスマホで天気予報アプリを立ち上げると、独BMWの多目的スポーツ車（SUV）の広告が目に飛び込んできた。（中略）「高級住宅地に住む大手企業勤務の40歳代男性。釣り好きで、もうすぐ車検が切れる」。天気予報アプリが記録していた位置情報を活用。外部から購入した車検データと国勢調査を組み合わせ男性の特性を割り出した。「広告を見てから気になって」男性はBMWの購入を決めた。」（日本経済新聞、2018年9月3日、朝刊「狙う広告」1兆円突破へ」より抜粋）

実際、アメリカでは、そうしたネット広告の市場規模はテレビ広告のそれを抜く勢いなのですが、そこに待ったをかけているのがEUで、先にも少し触れたGDPR（＝General Data Protection Regulation）、日本語に訳すと「一般データ保護規則」だったわけです。二〇一八年五月二五日に施行。企業による個人情報の取り扱いに、厳しい規制を設けました。

どこまでを保護すべき個人情報と見なすかという、個人情報の定義そのものを改訂したのです。それにより、従来は含まれなかった、**IPアドレス、Cookieも個人情報と見なさ**

れることになりました。

さらに、個人情報を取得するときはユーザーの同意が必要、というのもポイントで、GDPRに従わなかった場合、最大で企業の全世界年間売上高の4%以下、もしくは二〇〇〇万ユーロ以下のいずれか高い方が罰則として科される可能性があります。

アメリカでもこれに似たCONSENT法案という法案が提出され、広告のターゲティングのもととなっている、IPアドレスやCookieなどのオンライン識別子までも、個人情報として取り扱いに規制をかけようとする動きが出てきています。

しかし、企業側もこのところ対応を変えるところも出てきています。「Cookieは追跡されている」という印象を消費者に与えることもあるから、それを避けようとする動きです。Cookieを使わずに会員情報や購入履歴から個人の属性や購買情報を提供することで対応しようとしています。

また、これに呼応するように、グーグルも個人ユーザーのネット閲覧履歴データの外部提供を二〇二二年までに取りやめることを発表しています。

個人の行動も嗜好も、企業に筒抜け。これを便利とみるか、怖いとみるか

では、日本ではどうかというと、現在検討されているのは、いわゆる独禁法、正確には、「私的独占の禁止及び公正取引の確保に関する法律」です。この独禁法の第二条九項五号に、**優越的地位の濫用**という項目があり、それで規制しようとしているわけです。

私的独占の禁止及び公正取引の確保に関する法律
第二条⑨　五　自己の取引上の地位が相手方に優越していることを利用して、正常な商慣習に照らして不当に、次のいずれかに該当する行為をすること。
ロ　継続して取引する相手方に対して、自己のために金銭、役務その他の経済上の利益を提供させること。

とはいえ、ヨーロッパと同じように、個別の法律をつくったほうがいいと私は思います。
私も一度、あるネットサイトで買い物をしたら、それ以来、毎回、Ｙａｈｏｏ！のトッ

プページに、そのサイトの今日のお勧めが出てきますしね。
ただ、IPアドレスを用いていますので、たとえばアダルトサイトを見ているだけなら個人は特定されませんが、買い物などをして何かに登録すると、IPアドレスとメールアドレスがひもづき、個人が特定されることになります。

で、**気をつけたいのが、GPSです。**

個人は特定されないまでも、どこに行ったか記録されていることになります。
GPSをONにしたまま高級宝飾店などに始終行っていると、そのうち、高級品の広告が入るようになりますよ。そうでなくても、たとえば購買履歴などから、データ分析をすれば、その人の年収もある程度分かってしまいます。
すると、その人たちを相手にまた、ターゲティング広告がくる。先ほど挙げた天気予報にBMWの広告が入ったようなものでしょう。

もうひとつ、音声のOK Google、あれも結構怖いと私は感じています。AmazonのAlexaも同様です。話しかけるだけで、買いものをしたり、電気をつけたりできる。

単身赴任中の私の知り合いが愛用していて、アパートに帰ると、いつも、電気をつけてとか、テレビをつけて、とやっていたところ、ある日、家に帰った途端、勝手に全部やってくれるようになったそうです。「学習」することで、行動を類推できるようになり、何か言ったら、その次のことまでやるようになったのです。

これを便利とみるか、怖いとみるか。

問題は、その「学習」は、クラウドで全部つながっているなかで行われているということです。ソフトバンクのPepperくんもそうですね。あれも、だんだん賢くなるのは、クラウドでつながっているからです。クラウドでつながっているというのはどういうことかというと、**いつ、誰がどういう指示をしたかというデータが、すべてアマゾンなり、グーグルなり、ソフトバンクなりに集まる**ということです。OK Googleも Alexaも、結構安く出ているのは、そもそもデータ収集が大きな目的だからです。

それを阻止するには、EUのGDPRのような法律によって規制するしかありません。

もうひとつ忘れてはいけないのは、たとえば車のメルセデスにも同じ機能が搭載されているということです。「ハイ、メルセデス」と言って、音楽をかけさせたり、いろいろできますが、あれも基本、OK GoogleやAlexaと同じです。さらに怖いのは、**車の場合、どこに行っているかもしっかり記録される**ことです。

話題の自動運転車もまさにそれで、月曜日の午前中は病院、火曜日の午後はスーパー、木曜日はカルチャーセンター、といった具合にいつも決まったスケジュールを繰り返していれば、いちいち言わなくても、座るだけでその日の予定の場所に連れて行ってくれるようになるでしょう。

スーパーに行くなら行くで、もうそろそろトイレットペーパーがないですよ、みたいに教えてくれることもできるでしょう。逆に、薬がそろそろなくなりそうだとすると、言わなくても薬局に自動的に連れて行ってくれるかもしれません。

これを便利とみるか、怖いとみるか。

だから最初に自動運転に取り組んだのがGoogleだったのです。Googleなら、個人の検索記録から、その人がどんなものをほしがっているかを類推できますから、言われなくても自動運転車を迎えにこさせて、自動的にそれを売っている店に連れて行くことも可能です。

そこまでしなくとも、たとえば新しい靴をネットで検索していた人だったら、乗った瞬間に近くのショッピングセンターで、この靴を売っていますが、寄りますか？　と車が訊ねてくる可能性がある、ということです。

最初に、データを与えることに対する同意を要求されるでしょう。でも、与えないと答えたら、自動運転車には乗れない。あるいは、高額な料金がかかるでしょう。だって、サービスの目的は、そのデータ収集にあるのですから。おそらくは、個人が特定されないかたちでのデータの収集なら構いませんかとか、何段階かに分かれる形になっていくのではないでしょうか？

けれども、規制しないと、どこの誰かというのは、全部分かってしまいます。

本章のトピックスである、リクナビ問題は、こうした事態の延長線上にあります。先に説明したように、一般的な検索情報などから、内定辞退率のような要配慮個人情報（センシティブデータ）を創り出すことが可能だからです。属性まで全部分析して、学生一人ひとりの行動パターンを分析して、内定を辞退するとかしないとか、ＡＩが類推するからです。グーグルの目的は、ターゲティング広告へのデータ提供から得られる収益ですが、リクルートキャリア社の場合は、企業が学生の要配慮個人情報に対して支払う料金が目的だった、ということもひとつの特徴です。

巨大プラットフォーム企業から、個人を守る法律は？企業に科せられる罰則は？

さて、個人データの利用を前提としたターゲティング広告に対して、日本は、個人情報保護法ではなく、独占禁止法によって規制しようとしていることは先に説明しました。

その理由は、現行の個人情報保護法では、処罰の対象が限られてしまうのに対し、独占禁止法なら、全体に網をかけられるからではないでしょうか。さらには、独禁法のほうが罪が重いからだと思います。

個人情報保護法では、違反の場合も、是正勧告とか是正命令に終わってしまうことが多いのですが、独禁法なら、排除命令も課徴金納付命令も出せます。

独占禁止法（私的独占の禁止及び公正取引の確保に関する法律）
第七条【排除措置命令】①第三条又は前条の規定に違反する行為があるときは、公正取引委員会は（中略）、事業者に対し、当該行為の差止め、事業の一部の譲渡その他これらの規定に違反する行為を排除するために必要な措置を命ずることができる。

そして第七条の二では、【課徴金納付命令】が課せられることがあることを規定しています。

ただし、個人情報保護法のもとでも、個人情報の漏洩については、漏洩した企業は膨大な数の個人に「補償」を行う必要がある場合があります。
二〇一四年のベネッセの個人情報流出事件は、三五〇〇万件とその規模の大きさで突出しており、顧客一人あたりへの「お詫び」は五〇〇円程度ながら、この件に関わるこの年の特別損失は、二六〇億円にのぼりました。
この事件を直接引き起こしたのは、ベネッセのグループ会社であるシステム開発会社の下請けの会社で、そこでシステム開発に携わっていた派遣社員が顧客情報をＵＳＢメモリ等の外部記憶装置にコピーして名簿業者へ転売したのです。

このため、被害に遭った顧客らのうち、四六二人は、ベネッセとその関連会社に、慰謝料など計三五九〇万円の損害賠償を求める訴訟を起こし、後日、東京地裁は関連会社に対し、一人当たり三三〇〇円、計約一五〇〇万円の支払いを命じました。それに加え、さらにベネッセは「お詫び」を支払わなければならなかったということです。


では、リクナビの問題では、賠償責任はないのでしょうか？

この場合、被害者である学生から訴える人が出てこない限り、「賠償」はないでしょう。

こうした事件では、**被害や損害を受けた当事者か代理人しか、訴えることはできない**のです。

たとえば、一万円の図書券にお詫びの手紙を添えた「謝罪」はあるかもしれませんが。

ただ、問題は、当事者も自分が被害を受けたかどうか分かっていない、という点です。

企業が個人を特定して明らかにしない限り、本人にも分からない。

リクルートは本人には開示すべきだと思います。法的義務はないけれど、道義的義務があると思います。でも、しないでしょうね。学生、すごく怒りますから。その場合、まとめる弁護士が現れて、集団で訴えてくる可能性もあります。

ただ、その場合も、一人あたりの賠償額はたいした金額にはならないはずです。また損害が認められる人の数も限られてくるでしょう。これが**アメリカなら、懲罰的な損害賠償も認められますが、日本の場合は、本当の実損しか認められない**からです。

よくアメリカの裁判で、とんでもない賠償額が出ることがありますが、あれは懲罰的な賠償を認めているからです。でも、日本にはそれがない。これも、日本の法律の問題のひとつだと思っています。

この章に出てきた主な法律と法律リテラシー

❶個人情報保護法は、平成二七年に改正されたものの、技術の進歩にともなうさまざまな事態に、必ずしも対応できていないのが現状。

❷本人の同意なしでの、利用目的の制限、第三者への提供の禁止は定められているが、現実としては、利用者である一般市民より、企業側に有利な状況となっている。

個人情報の保護に関する法律

第一五条① 個人情報取扱事業者は、個人情報を取り扱うに当たっては、その利用の目的(以下「利用目的」という。)をできる限り特定しなければならない。

第一六条① 個人情報取扱事業者は、あらかじめ本人の同意を得ないで、前条の規定により特定された利用目的の達成に必要な範囲を超えて、個人情報を取り扱ってはならない。

第二三条　個人情報取扱事業者は、次に掲げる場合を除くほか、あらかじめ本人の同意を得ないで、個人データを第三者に提供してはならない。

❸企業は、個人情報は個人のものであるという意識を欠き、顧客データのマネタイズに走る傾向にある。このため、ＥＵでは、個人情報や個人の権利保護を強化するＧＤＰＲ（General Data Protection Regulation：一般データ保護規則）を制定し、企業の個人情報利用への規制を強化している。

個人情報の保護に関する法律

第一条　（前略）個人情報の適正かつ効果的な活用が新たな産業の創出並びに活力ある経済社会及び豊かな国民生活の実現に資するものであることその他の個人情報の有用性に配慮しつつ、個人の権利利益を保護することを目的とする。

❹ターゲティング広告から自動運転まで、個人の嗜好や行動がすべて、巨大プラットフォーマーに集まって、さまざまに利用されることに対する規制に関しては、日本では、いま

のところ、独占禁止法で対応しようとしている。個人情報保護法にはない、排除命令や課徴金納付命令が出せることがその理由。

私的独占の禁止及び公正取引の確保に関する法律（独占禁止法）
第二条⑨　五　自己の取引上の地位が相手方に優越していることを利用して、正常な商習慣に照らして不当に、次のいずれかに該当する行為をすること。
ロ　継続して取引する相手方に対して、自己のために金銭、役務その他の経済上の利益を提供させること。
第七条①　第三条又は前条の規定に違反する行為があるときは、公正取引委員会は（中略）、事業者に対し、当該行為の差止め、事業の一部の譲渡その他これらの規定に違反する行為を排除するために必要な措置を命ずることができる。

第5章

金融商品取引法と会社法

ゴーン事件に見る特別背任罪と金融商品取引法で最も注意すべきインサイダー疑惑

有価証券報告書の虚偽記載の罪は重い

保釈中にレバノンに楽器ケースに隠れて「逃亡」するなど、何かと話題の多いカルロス・ゴーン氏ですが、ことの発端は、二〇一八年一一月一九日。午後三時半ごろ、羽田空港に着陸したプライベートジェット機の中に黒いスーツの一団が乗り込むところから始まります。東京地検特捜部でした。そして、**「金融商品取引法」**違反の疑いで逮捕すると告げられたのです。

具体的には、どういう違反に問われたかというと、収入の虚偽記載。正確には、有価証券報告書への虚偽記載です。上場企業は、有価証券報告書を開示しないといけないことになっているのですが、その開示する内容に虚偽の記載があった、というのです。約一〇億円と記載していた役員報酬がそうではなかったというのです。

ただの形式的なミスとして逃れられるのでは、と思われるかもしれませんが、金融関係者にとって、金融商品取引法（金取法）というのは非常に重い法律で、もし、金融マンなどが金取法違反を問われるようなことになったら、もうその仕事は続けられないほどです。

そうでないとしても、会社の信用は大きく揺らぎます。一般のビジネスマンでも、あとから説明する「インサイダー取引」などで金取法違反となると、そのままのビジネスキャリアを続けるのは難しくなるでしょう。

開示された報告書の情報をもとに投資家は、株を売買しているというのに、今回のケースのように、その報告書が虚偽だとしたら、それはまさに**資本主義の根幹を揺るがす重大事**です。それがたとえ役員報酬であってもやってはいけないことなのです。

したがって、たとえば東芝など、これまで多くの企業が手を染めてきた売上・利益の水増し操作、架空計上などとなると、その重要度は増します。罰則は金融商品取引法の罰則規定によると、懲役十年以下、罰金一千万円以下となります。

金融商品取引法　第一九七条①　次の各号のいずれかに該当する者は、十年以下の懲役若しくは千万円以下の罰金に処し、又はこれを併科する。

さて、この金取法は両罰規定といって、開示しなかった個人、もしくは会社と、開示させなかった個人、もしくは会社の両方が罰せられます。つまり、日産自体も開示責任を満たさなかったけれども、それがカルロス・ゴーン氏が載せないようにと指示したのだとしたら、ゴーン氏本人も罪になる、という話です。

なお、実際、今回の事件でも、投資家から日産に対して、損害賠償請求が出ています。虚偽記載されたことによる株価への影響から受けた損害に対する賠償です。

先にも挙げた民法第七〇九条に該当するということです。

民法　第七〇九条　故意又は過失によって他人の権利又は法律上保護される利益を侵害した者は、これによって生じた損害を賠償する責任を負う。

けれども、今回の事件は、株価にほとんど影響を与えていません。むしろ、その後の業績の悪化のほうがよほど株価に影響を与えていますね。それよりも、何年かにわたり、多額の資金を、おそらくは使途不明金という形で捻出してきたのでしょうから、その分、株主の持ち分が損なわれたと、株主が訴えることはできます。

取締役にとって、より重いのが「特別背任罪」

もちろん、この「**金融商品取引法**」違反は、ただの逮捕の入り口で、狙いは、さらにゴーン氏個人には重い罰や社会的責任が科される可能性のある「**特別背任罪**」にありました。こちらは、会社法に規定があります。一般の「背任」や「横領」は刑法の罪です。

会社法　第九六〇条①　次に掲げる者が、自己若しくは第三者の利益を図り又は株式会社に損害を加える目的で、その任務に背く行為をし、当該株式会社に財産上の損害を加えたときは、十年以下の懲役若しくは千万円以下の罰金に処し、又はこれを併科する。

以下、「次に掲げる者」が厳密に規定されていますが、要するに過去と現在の取締役並びに、それに準じる人たちです。したがって、一般社員の場合は、この会社法の「特別背任罪」ではなく、刑法の「背任罪」「横領罪」などの適用となります。

刑法　第二四七条　他人のためにその事務を処理する者が、自己若しくは第三者の利益を図り又は本人に損害を加える目的で、その任務に背く行為をし、本人に財産上の損害を加えたときは、五年以下の懲役又は五十万円以下の罰金に処する。

なお、会社法第九六〇条の特別背任罪については、**未遂も罰せられる**ことが、会社法第九六二条で規定されています。

カルロス・ゴーン氏の場合、自分の出身地であるレバノンの知り合いの会社に対して、日産にお金を融資させたり、会社のお金で、ブラジルに私的なマンションを買っていたり等々、あとからあとから、特別背任に問われる可能性のある話が日産内部からたくさん出てきました。さらには、フランス、ルノー社からも似たような話が次々に出てきました。潰れかけた日産を建て直した経営者としての手腕は見事でしたが、人間としての甘さがあったのでしょう。途中、アメリカのビッグスリーのトップなど、何度かヘッドハントが来ていたようです。もちろん、ずっと高い給料で。でも、彼は、動かなかった。だから、彼の心理としては、そのぶんをもらっても当然じゃないか、ぐらいに軽く思っていたのではないでしょうか。

だったら、正々堂々と給与を上げればよかったのですが、日本は、欧米と比べて全体的に経営者の給料が安いから、自分だけあまりに突出した報酬金額が開示されるのはよろしくない、ということで、裏でつじつまを合わせようとしていたのかもしれませんね。

とはいえ、最近になって明らかにされたゴーン氏らが会社から不正に引き出したお金の総額は、三五〇億円にのぼると言いますから、正当な報酬の度を超していたと言わざるを得ないでしょう。

ゴーン氏とはスケールは異なりますが、たとえば中小企業の社長が、社用車を私的に家族旅行で使うことも、そのときのガソリン代を会社に出させることも、会社法の特別背任罪になる可能性があります。会社で借りたお金を自宅購入資金にするなどはなおさらです。オーナー会社であったとしても、会社としている以上、たとえば、取締役会などから訴えられれば、法律上は罪になります。社長が会社のお金を私的に使い込んでいるせいで利益が削られているのですからね。

実際、二〇一一年には、大王製紙の創業家経営者である井川意高氏が、個人的なカジノの掛け金のために、約一年半で、総額一〇〇億円以上の資金を不正に引き出したとして、会社から刑事告発され、東京地検特捜部から、特別背任容疑で告訴されました。

でも、一〇〇億円ならともかく、社用車の個人使用なんて、みんな、しているよ、脱税を問われることはあっても、その程度のことで特別背任罪や横領罪で捕まった人なんてきいたことがない、と思うかもしれません。たしかに、うちの社長、会社の車を私用に使っています、とクビを覚悟で警察に訴え出ても、警察が取り合うかどうかは疑問です。

でもそれは、罪ではないからではなく、小もの過ぎるからです。いちいち検挙していたら、刑務所がいっぱいになってしまうからにすぎません。罪は罪です。中小企業の社長の方々も、そのことは、きちんと認識しているべきだと思います。

ちなみに、ゴーン氏を追放しようと告発準備をしていたとされる西川社長も、二〇一九年秋になって、事実上の社長解任に追い込まれました。理由が、株価連動型報酬（SAR）を得る際に社内ルールに反した手続きによって、本来得られる額より約四七〇〇万円多い役員報酬を得ていたことが社内調査で明白になった、という、ゴーン氏と同じく役員報酬にまつわる不正だったことは皮肉とも言えますが、特別背任罪に問われるような犯罪性はないとされたようです。

えっ？　そんなことも、インサイダー取引になるの？ 知らないと怖い、金融商品取引法

金融商品取引法が出てきたところで、この法律に、普通の人がもっとも抵触しやすい行為についてお話ししましょう。

そう、**インサイダー取引**です。

未公開情報を不法に共有・利用して株式の売買を行うことで、これがいかにやってはいけないことなのか、日本で一般の人に知られるようになったのは、マイケル・ダグラス主演のハリウッド映画「ウォール街」かもしれません。日本ではバブルの真っ最中、一九八七年の映画でした。

インサイダー取引が厄介なのは、映画のように、マイケル・ダグラス演じる「悪人」でなくても、ごく普通の人がそれと知らずに、犯してしまう可能性があることです。株の売買を一切しない人には関係ありませんが。

まずは、条文を見てみましょう、と言いたいところですが、これがまた長い長い。六法全書の何段にもわたる条文です。

金融商品取引法 **【会社関係者の禁止行為】**

第一六六条① 次の各号に掲げる者であつて、上場会社等に係る業務等に関する重要事実を当該各号に定めるところにより知つたものは、当該業務等に関する重要事実の公表がされた後でなければ、当該上場会社等の特定有価証券等に係る売買その他の有償の譲渡若しくは譲受け、合併若しくは分割による承継又はデリバティブ取引をしてはならない。(後略)

要するに**一般に公表される前の事実にもとづいて、株式等を売買してはいけない**ということです。

たとえば、上場会社の社員が飲み屋で、もうすぐ自社からすごい商品が出る、それがすぐ発表になる、というような話をしているのを、まったく関係のないあなたが小耳に挟んだとします。やがて、どこの会社のことか分かってきたので、家に帰ってネットで株を買いました。これは、インサイダー取引になるのかどうか、ということですね。

その会社の社員が自社株やその商品開発にまつわる会社の株を売買できないのは言うまでもありませんが、それを小耳に挟んだあなたはどうなのでしょう？

結論から言うと、アウトです。

飲み屋でそんな話をペラペラする社員も問題ですが、それはまた別の職業倫理上の問題。金融商品取引法に関して言えば、もし、あなたが、その会社の株に投資したり、あるいは、その翌日、多くの人がその会社の株を買うなど、明らかにいつもと違う動きがあって目立ってしまうと、証券等監視委員会が調査に入る可能性があります。

その過程で、ひょっとしたら、あなたのところにも調査が入るかもしれない、ということです。間接的に聞いたのであっても、だめなのです。もちろん、少額であっても罪に問われます。

では、社員なのに、まったくそういう情報は知らないで、偶然に、自社株を買ったり、友人や家族に勧めていたりしていた場合はどうなのか？

大企業なら十分考えられることです。実際、そういう疑いをかけられたケースを知っています。そのときは、結局シロとなりましたが、かなり危険です。

だから、一般に、**自社株の売買については、決められた期間以外は取引できません**（「窓が開いている」という言い方をします）。一般的には、四半期決算などを公表してから二週間の間とされているところが多いようです。さらに、その場合も会社に届け出る必要があります。

ところが、これらのことが周知徹底されていない企業もあって、軽い気持ちの自己判断で、自社株を買ったり、昔買った自社株を売ったりする社員も当然出てくるわけです。そして、それが、タイミングによっては犯罪行為と見なされてしまう可能性もある、というわけです。上場企業の社員は注意しなければなりません。

自社株だけではありません。取引企業、納入先企業などについても同様です。公開前の情報を得る可能性があるからです。

これが、役員クラスになると、もっと厳しくなって、たとえば、私が社外取締役についているある上場会社では、最初に管理証券会社に対して、二親等以内の親族全員の名前などの登録を行うことになっています。同居しているいないにかかわらず、二親等全員の名前と住所、職業を書いて提出するのです。つまり、彼らが、私が社外取締役を務める会社の株を買うと、アラームが出る、ということです。

役員ですと、新商品や新規事業、事業計画はもちろん、買収や合併など、自社や他社の株価にも直結する案件を知る立場にあるわけですから、これはもう、二親等のみならず、そこでの情報は一切、漏らしてはいけませんし、万一、疑われることのないよう、重要な発表の前には、理由を言わずに、ともかくすべての会社の一切の株の売買をしないように、家族にも当社の社員にも伝えています。

インサイダー取引に損得は関係ない

ただ、私は、以前、あえて、社外取締役をしている上場会社の株を買ったことがあります。もちろん、取締役会の承認を得てのことですが。

どういうことかというと、一〇年以上前に非常勤の取締役をしているある会社の株主総会で株主さんに名指しで追求されたことがあったのです。「小宮取締役は、この会社の株を持っていませんんね、それで私たちの気持ちが分かるんですか、配当もなくなって株価も何分の一かに落ちている、そういう株を持っている私たちの気持ちが」と。その会社の業績が低迷していたときのことです。

で、買うことにしました。私は、その会社が将来きっと良くなるだろうと思っていましたし、株価が低迷する時期に買ってあげるというのは、その会社のためにも株主さんのためにもなると思っていましたから。大した額ではありませんが、取締役会の承認をもらって、証券会社のカウンターに行きました。

その際、会社から言われたのは、絶対ネットで買ってはいけない、ということでした。必ず証拠がきちっと残るよう、証券会社の店頭で買ってください、と。

で、店頭に行って、この会社の株を買いたい、と言うと、まず「インサイダーではありませんね」とカウンターの女性に確認されました。これはネットで買う場合も同様で、「インサイダーではありません」という項目を、クリックしないと、次の画面に行けなくなっています。インサイダー取引には、証券会社も非常に敏感。そんなことの片棒を担ぎたくないからです。

ともあれ、インサイダーではありませんねと言われたので、いや、「インサイダーです」、と答えたわけですが、対応してくれた女子社員のびっくりした顔は、今でもよく覚えています（笑）。すぐに課長さんが対応してくれました。

なお、インサイダー取引でクロと認定された場合の罰則は、先にも書いたように、十年以下の懲役、若しくは一千万円以下の罰金、またはその両方です。でも、それ以上の実質的な「罰」が待っています。つまり、今いるビジネスの世界から高い確率で追放されてしまうのです。

さらに、インサイダー取引は、そのこと自体が違法なのであって、損得は関係ありません。つまり、儲からなくても罪に問われます。

いずれにしろ、**公開されていない事実を知ろうと思ったら知ることができる、と思われてもしかたのない立場に自分がある会社の株式の取引は、そういう事実を知っているいないにかかわらず、慎重になったほうがいい、**ということです。

この章に出てきた主な法律と法律リテラシー

❶金融商品取引法違反の多くは、投資に対する正確な情報を提供しないなど資本主義の根幹を揺るがすものとなるので、罰則は、結構重い。それ以上に、以後、ビジネスの世界で生きていけなくなる可能性大。

金融商品取引法　第一九七条①　次の各号のいずれかに該当する者は、十年以下の懲役若しくは千万円以下の罰金に処し、又はこれを併科する。

❷取締役にとっての重罪は、会社法による「特別背任罪」。未遂でも罰せられる。

会社法　第九六〇条①　次に掲げる者が、自己若しくは第三者の利益を図り又は株式会社に損害を加える目的で、その任務に背く行為をし、当該株式会社に財産上の損害を加えたときは、十年以下の懲役若しくは千万円以下の罰金に処し、又はこれを併科する。

❸一般社員の会社に対する「背任」行為は、刑法で罰せられる。

刑法　第二四七条　他人のためにその事務を処理する者が、自己若しくは第三者の利益を図り又は本人に損害を加える目的で、その任務に背く行為をし、本人に財産上の損害を加えたときは、五年以下の懲役又は五十万円以下の罰金に処する。

❹上場企業の社員は、勝手に自社株の売買をするのは危険！　知らないうちにインサイダー取引で逮捕されるかもしれない。

金融商品取引法　第一六六条　①次の各号に掲げる者であつて、上場会社等に係る業務等に関する重要事実を当該各号に定めるところにより知つたものは、当該業務等に関する重要事実の公表がされた後でなければ、当該上場会社等の特定有価証券等に係る売買その他の有償の譲渡若しくは譲受け、合併若しくは分割による承継又はデリバティブ取引をしてはならない。（後略）

第6章

会社法と民法

会社法と民法から会社の仕組みと契約の大原則を知る

会社法の規定は、こんなに厳密！

ゴーン事件の考察が終わったところで、この章では「会社」について、もう少し深く考えてみましょう。

この本をお読みの多くの方は、会社にお勤めだと思います。そうでない方も、会社に関わりのない方はまずいないと思います。それでは「会社」とは何でしょうか。

会社法には、その第二条一で「会社」についての規定があります。

会社法　第二条　一　会社　株式会社、合名会社、合資会社又は合同会社をいう。

とあります。つまり、会社というのは、株式会社、合名会社、合資会社、合同会社です。合名会社、合資会社、合同会社は、会社法の第三編で規定されている「持分会社」と呼ばれているもので、合名会社では、社員（無限責任社員）が会社の債権者に対して無限の責任を負います。合資会社は、無限責任社員とともに、出資額を限度とする有限責任社員が存在します。合同会社は有限責任社員だけです。が、一般のビジネスパーソンがこれらの持分会社に普段関わったり、見かけることはあまりないと思います。大部分の会社が株式会社だからです。
「あれぇ、有限会社がない」と思われた方もいらっしゃるのではないでしょうか。そうです。会社法上、有限会社はなくなったのです（従来から存在する有限会社は、特例法により有限会社の名称のまま、株式会社として存続することが認められています）。

また、

会社法　第三条　会社は、法人とする。

と規定されています。そうでないと、契約の主体などになれないからです。株主個人やそこで働く役員や個人がそれぞれ契約の主体となっていたらたいへんですからね。
会社の中心は会社法第二編に規定されている「株式会社」です。多くの方が関わる会社は株式会社ですので、ここから先は、株式会社を中心に説明します。

株式会社にはいくつかの**機関**が存在しますが、**株式会社で最高の意思決定機関は株主総会**です。

会社法　第二九五条①　株主総会は、この法律に規定する事項及び株式会社の組織、運営、管理その他株式会社に関する一切の事項について決議をすることができる。

つまり、株主総会は「一切の事項」を決めることができるわけです。

ただ、大きな会社の場合にはとくにそうですが、すべての意思決定を株主総会が行うことは実務的に難しい場合が少なくありません。そのために、**取締役会に日常業務の意思決定を委任**しています。先ほどの条項に続いて、

会社法　第二九五条②　前項の規定にかかわらず、取締役会設置会社においては、株主総会は、この法律に規定する事項及び定款で定めた事項に限り、決議をすることが

できる。

としています。取締役会が設置されている会社では、「この法律」つまり、**会社法と定款に定められていることだけを、株主総会で決議をすることができる**ということです（細かい話ですが、「会社法に定められていること」に関しては、「取締役会設置会社」は決議ができるということですが、裏を返せば、**取締役が一名しかいない株式会社や取締役会のない会社では、株主総会の決議が必要**ということです）。

通常は、増資や減資、重要なM＆Aなど、株主の利害に大きく関わる重要な意思決定は株主総会で行われます。議決には、株主総会に出席の過半数を要する「**通常決議**」と、出席株主の三分の二以上の「**特別決議**」を要する、法律に定められた重要な事項があります。

株式会社にもいろいろな形態がある

先ほどの第二九五条②で「取締役会」という言葉が出てきましたが、それに関しては、次の条項があります。

会社法第三二七条①　次に掲げる株式会社は、取締役会を置かなければならない。
一　公開会社
二　監査役会設置会社
三　監査等委員会設置会社
四　指名委員会等設置会社

「次に掲げる株式会社」の中身で、ちょっとややこしい言葉がいくつか並んでいますが、読者の方々の会社でも取締役会だけでなく、その中に「○○委員会」が設置されているところがあるのではないでしょうか。


一に「公開会社」とありますが、公開会社ってどういう会社なのか、ご存じですか？

公開会社は上場企業、と思われがちですが、違います。

公開会社とは発行している**株式の譲渡制限のない会社**のことです。

上場会社は当然、株式の譲渡制限はありませんから公開会社ですが、**上場していなくて**

も、もし**「株式を譲渡するときには取締役会の決議が必要」**という**譲渡制限がない会社があれば、それは公開会社となる**わけです。

次に、二　監査役会設置会社、三　監査等委員会設置会社、四　指名委員会等設置会社についてですが、これらは、会社の機関設計で認められている形態です。それぞれについて、簡単に説明しておきましょう。

監査役会設置会社

まず、**監査役**は、取締役の職務執行を監査する機関です。取締役会を設置する会社（監査等委員会設置会社、および指名委員会等設置会社を除く）は監査役を置かなければなりません。

監査役の監査は、会計監査と業務監査の双方です。会社法では、取締役の業務執行についての違反や著しく不当な事項があるときは、監査役が株主総会に報告する義務があります。業務監査では、違法性だけでなく、妥当性も監査の対象です。

会社法　第三八一条①　監査役は、取締役（会計参与設置会社にあっては、取締役及び会計参与）の職務の執行を監査する。（後略）

そして、監査役会は、監査役全員で構成されます。監査報告の作成、常勤監査役の選定・解職、監査の方針などを決定します。監査役会があっても、監査役それぞれ個人は独立して監査役の責務を負います。監査役会は、監査役の間で情報交換を適切に行うことで、監査を適切に行うためのものです。

大会社で公開会社（先ほど出てきましたね）の場合は、監査役会を設置する必要があります（監査等委員会設置会社、及び指名委員会等設置会社を除く。会社法第三二八条①）。なお、「大会社」とは、資本金が五億円以上、あるいは負債総額が二〇〇億円以上の会社を言います（会社法第二条六）。

監査等委員会設置会社

平成二六年の法改正で認められたものですが、このあとで説明する指名委員会等設置会社における監査委員会の権限を強化したものです。

監査等委員会は、①取締役の職務執行の監督、②会計監査人の選任・解任、③監査等委員でない取締役の選任・解任・辞任・報酬等についての意見の決定を行います。強い権限を持っているわけです。**監査等委員**は三人以上が必要で、他の取締役と区別されており、その選任は株主総会で行われ、両者を区別して行わなければなりません。それだけ、独立性が求められるのです。

指名委員会等設置会社

指名委員会等設置会社は、平成一四年に認められたものです（先ほどの監査等委員会設置会社より先に認められたのですね）。

取締役会に、

①指名委員会（株主総会に提出する取締役の選任および解任に関する議案の内容を決定）、

②監査委員会（執行役、取締役の職務の執行の監査および監査報告の作成、株主総会に提出する会計監査人の選任・解任等に関する議案の内容を決定）、

③報酬委員会（執行役および取締役の個人別の報酬内容を決定）の三つの委員会を設置する会社です。

各委員会はそれぞれ三人以上で組織され、取締役の中から選任されます。各委員会の過半数は社外取締役でなければなりません。

指名委員会等設置会社には、**執行役**という会社の業務を執行する機関が必ず置かれます。代表機関として**代表執行役**が置かれることもあります。指名委員会等設置会社は、業務執行は執行役が、その監督は取締役会が行います。

「任意の」指名委員会等設置会社というのもあります。指名委員会等設置会社は、法律上執行役を置くなどの制約があるために、「任意」で指名委員会や報酬委員会を置いている会社もあります（私も、社外取締役をしているある会社で「任意の」指名委員会の委員をしています）。

ここで挙げた、公開会社、監査役会設置会社、監査等委員会設置会社、指名委員会等設置会社は、**取締役会**を設置しなければなりません。

逆に、**一〜四に該当しない会社は、取締役会を置かなくてもいい**、ということです（先に挙げた「第三二七条① 次に掲げる株式会社は、取締役会を置かなければならない。」とありますが、それ以外は置かなくてもいいということです。法律を読むときは、いつもこんなふうに読みます。ちょっと数学っぽいですね？）。

取締役は一名でもいい……取締役の責任は？

会社法　第三二六条①　株式会社には、一人又は二人以上の取締役を置かなければならない。

そう！　株式会社には取締役をおかなければなりませんが、取締役は一人でも法律上はかまわないのです。

ただし、

会社法　第三三一条⑤　取締役会設置会社においては、取締役は、三人以上でなければならない。

とありますから、先ほど説明したような取締役会設置が義務付けられた会社や、その設置を定款で定めた場合には、三人以上の取締役が必要になります。

会社法　三二六条②　株式会社は、定款の定めによって、取締役会、会計参与、監査役、監査役会、会計監査人、監査等委員会又は指名委員会等を置くことができる。

これらの機関は、定款によって設置することができるということです。

取締役の責任と民法との関係

では、取締役って何するの？　代表取締役の役割と責任は？　などと、いろいろ正確に知りたくなってくると思います。すべて、会社法に細かく規定されています（逆に言えば、**書かれていないことは、義務ではない**ことになります）。

たとえば、取締役には三つの義務が課されています。

善管注意義務、忠実義務、競業避止義務の三つです。

まず、最初の**「善管注意義務」**から見てみましょう。

善管注意義務？　法律用語です。これは、**「受任者は、委任の本旨に従い、善良な管理者の注意をもって、委任事務を処理する義務を負う」**こと。こちらは、民法第六四四条にあります。

「善良な管理者の注意」？　けっこう曖昧な表現が出てきましたね。でも、これも法律用語で、要は、悪い人じゃないということなのですが、業務を委託された人の職業や専門性などの能力、社会的地位などから勘案して、通常期待される注意義務のことです。「善管注意義務」と略されることが多いですが、他の法律でも出てくることがあります。

では、委任事務ってどういうこと？

で、もう一度、会社法に戻ります。第三三〇条です。

「株式会社と役員及び会計監査人との関係は、委任に関する規定に従う」とあります。

では、「委任」って？　こちらもきちんと規定されています。民法第六四三条です。

民法　第六四三条　委任は、当事者の一方が法律行為をすることを相手方に委託し、相手方がこれを承諾することによって、その効力を生ずる。

要するに、取締役は第一に、会社との間で、業務を執行するうえでの委任契約があるということです。そして、その委任契約を、善良な管理者の注意をもって行うということ。つまり、専門性などを勘案した注意義務ということです。善良なる管理者――取締役の本質をよく表しています。

取締役の二つ目の義務は、**「忠実義務」**です。こちらは、会社法の三五五条にあります。

会社法　第三五五条　取締役は、法令及び定款並びに株主総会の決議を遵守し、株式会社のため忠実にその職務を行わなければならない。

この規定に関しては、最高裁の判例で、「民法六四四条に定める善管注意義務を敷衍（ふえん）し、かつ、一層明確にしたにとどまるのであって、通常の委任関係に伴う善管注意義務とは別個の、高度な義務を想定したものではない。（最大判昭45・6・24）」とあります。民法第六四四条の善管注意義務は先ほど出てきましたね。

そして、三つ目の義務は、**競業避止義務**。

会社法　第三五六条①　取締役は、次に掲げる場合には、株主総会において、当該取引につき重要な事実を開示し、その承認を受けなければならない。

として、**競業及び利益相反取引の制限**が記されています。

「次に掲げる事項」としては、①自社と同類の取引（競業）を行う、②自己と当該会社の取引をする、③当該会社が自身の債務保証をする、④その他の利益相反行為が挙げられています。当然と言えば当然です。

ここには、「株主総会」の承認とありますが、取締役会設置会社では、取締役会の決議で承認できます。

では、**退職後の競業**についてはどうでしょうか？

社員についても取締役についても、退職後、同業に行かない、同業の業務を行わない、という誓約書、契約書を結ばされることがありますが、**特別な事情がある場合や秘密漏洩などでない限り、その「契約」に効力はなく、無効**となる可能性があります（もちろん、在職中の秘密を漏洩しないなどの契約は有効です）。

代表取締役と善意の第三者、「善意の第三者」って誰？

会社には「代表取締役」がいますね。そんなの、当たり前！　と思うかもしれませんが、実は当たり前ではありません。では、代表取締役の職務って何？　ほかの取締役とどう違うの？　となるわけですが、それも、会社法できちんと定められています。三四九条です。

会社法　第三四九条①　取締役は、株式会社を代表する。ただし、他に代表取締役そ

の他株式会社を代表する者を定めた場合は、この限りでない。

つまり、「一般には取締役が会社を代表する。ただし、他に代表取締役を置いた場合はその限りではない」ということは、**代表取締役を必ずしも定めなくてもいい**ということです（ただし、取締役会設置会社の場合は、違います）。

これは取締役が二人以上いる場合も同様で、②に、次のようにあります。

②前項本文の取締役が二人以上ある場合には、取締役は、各自、株式会社を代表する。

つまり、代表取締役のいない株式会社の取締役は、各自が会社を代表するということです。そして、③として、「株式会社は、（中略）、取締役の中から代表取締役を定めることができる。」とあります。**できる、ということは、しなくてもいい、ということ**です。

ただし、代表取締役を置いたら、その人は会社を代表しているということになります。

具体的には、次のような形で会社を代表します。

④代表取締役は、株式会社の業務に関する一切の裁判上又は裁判外の行為をする権限を有する。

代表取締役は、一切の権限を有する。制限はないのだろうか？　というわけで、⑤が続きます。

⑤前項の権限に加えた制限は、善意の第三者に対抗することができない。

「前項の権限に加えた制限は」という文言があることから「権限への制限」ができることが前提となっています。

そして、えっ？　「善意の第三者」？　誰、それ？

——はじめてこの「善意の第三者」という言葉をご覧になった方は、たいてい戸惑います。

法律を勉強する人なら、必ず習う独特の法律用語で、**「当事者間に存在する特定の事情**

を知らない第三者」。つまり、「**善意**」**というのは**「**知らない**」**という意味**。「第三者」が「当事者以外のすべての者」という意味です。事者以外のすべての者」という意味です。人柄がいいとか悪いとか、そういうことは一切関係ありません。

英語に訳せば、
a third party without knowledge（出典：日本法令外国語訳プロジェクト）
つまり、
a third party in good faith
ではないわけです。

ちなみに、「善意」があるなら、「悪意」もあります。**法律用語としての**「**悪意**」**とは、**「**ある特定の事実について知っている**」**という意味**。「悪意の第三者」なら、「ある特定の事実を知っている当事者以外の人」ということになります。

「善意の第三者」の意味が分かっても、やはりこの文章の意味が分からない？

「対抗することができない」って、要するにどういうことなんだ？　と言いたくもなりますね。分かりやすい例を挙げて説明しましょう。

たとえば、子会社を監督管理する親会社が、子会社に、土地取引はできませんというような制限を加えることがあります。あるいは、特定の会社との契約は、微妙な問題があるので、代表取締役でもできませんと、制限を加えることもありえます。

ところが、子会社の代表取締役が、土地の取引をしてしまった。相手側は、その会社に制限が加えられていることを知らず、この人は代表取締役だから法律上の権限をもっている、したがって、契約は成立していると考えているとします。

この場合の相手側が「善意の第三者」です。そして、この場合の「親会社」は、この第三者には対抗できません。知らなかったのだから。契約無効と訴えることはできません。

要するに、知らなかったなら、許される⁉

では、制限されているはずの契約を行ってしまった子会社の代表取締役についてはどうでしょう？

この場合は、これまでに何度も出てきた民法第七〇九条に基づき、会社が子会社の代表取締役に損害賠償を請求することができます。実際、会社が損害を受けた場合ですけれど。

損害を与えられた場合、会社は、代表取締役を訴えることはできる、しかし、子会社と親会社の間の取り決めといった事情を知らないで契約した相手側に契約破棄を求めることはできない、これが、「善意の第三者に対抗することはできない」という意味です。

もちろん、その相手方が実は制限が加えられていることを知っていた、そのうえで契約をしたとなると、これは「悪意の第三者」になるわけですから、その場合は、当然、「対抗」はできることになります。

会社というものが、そして、取締役や取締役会というものが、いかに法律に準拠した存在なのか、その一端を感じていただければ幸いです。

すべては契約！　契約の基本

さて、いま、「契約」という言葉が出てきたところで、ビジネスにつきものの、「契約」について、お話ししておきましょう。

「はじめに」でご紹介した取締役会の議題にも、次のようなものがありました。

3　システム購入に関する「契約」

取締役会の規定で、○円以上の契約をする場合は、取締役会にかけないといけないという規定があり、今回はそれに該当したわけでした。

さて、会社に限らず、生活のいろいろなところで、「契約」というものに出くわしますが、そもそも契約って何なんでしょう？

実は、これについても、民法の第三編の「債権」の中で「契約」に関して、第五二一条以下、さまざまに規定されています。

まず、「契約自由の原則」が示されます。

民法　第五二一条①　何人も、法令に特別の定めがある場合を除き、契約をするかどうかを自由に決定することができる。

要するに、**契約をするもしないも自由です**よということです。

そして、②で、「**法令の制限内において、契約の内容を自由に決定することができる**」、とされています。法令に反しない限り、つまり法律の範囲内であれば、のことですが、その内容も自由に契約ができるのです。これは「契約自由の原則」といいます。

で、第一章で触れた吉本の雇用契約についてですが、金額を知ると、最低賃金法に違反している！　という話になるわけですが、先にもお話ししたように、吉本はそもそも雇用契約を結んでいないのです。雇用契約ではなく、芸人一人ひとりは、個人事業主で、彼らと業務委託契約を結んでいる、という形になっているわけです（ある意味、賢いですね）。

でも、それは要するに下請けと同じで、すると**下請代金支払遅延等防止法というのがあり、そこには書面交付義務があると**書いてあるのですが、昔からの慣行で契約書は交わされていなかったようです。

ここで大きなポイントとなるのが、次の民法五二二条②項です。

民法　第五二二条②　契約の成立には、法令に特別の定めがある場合を除き、書面の作成その他の方式を具備することを要しない。

そう、法令に特別の定めがある場合を除き、**口約束でも契約は成立する**のです。

ただ、裁判になったときに証拠を示さないといけないから、書面をもってしないといけないという話になるし、下請法三条は、どうしても立場が悪くなりがちな下請け業者を守るために、重要事項については書面での締結を義務付けているのです。仮に契約書がなくても、口約束したことは、当然、契約として成立します。

この条文の前に、もうひとつ重要な条項があるのでそれも紹介しておきましょう。

民法　第五二二条①　契約は、契約の内容を示してその締結を申し入れる意思表示（以下「申込み」という。）に対して相手方が承諾したときに成立する。

意思表示とその承諾で契約は成立しているということです。逆に言えば、意思表示、あるいは承諾なしには契約は成立しないということです。

この章に出てきた主な法律と法律リテラシー

❶会社は、法律によって規定されている。

会社法　第三二七条①　次に掲げる株式会社は、取締役会を置かなければならない。

会社法　第三四九条①　取締役は、株式会社を代表する。ただし、他に代表取締役その他株式会社を代表する者を定めた場合は、この限りでない。

❷「できる」と書いてあることは「しなくてもいい」ことである。

会社法　第三二六条①　株式会社には、一人又は二人以上の取締役を置かなければならない。

②　株式会社は、定款の定めによって、取締役会、会計参与、監査役、監査役会、会計監査人、監査等委員会又は指名委員会等を置くことができる。

❸法令に反しない限り、どんな契約をしてもいい（契約自由の原則）。

民法　第五二一条①　何人も、法令に特別の定めがある場合を除き、契約をするかどうかを自由に決定することができる。

❹口約束でも契約は成立する。

（ただし、後で揉めたときには証拠が必要）

民法　第五二二条②　契約の成立には、法令に特別の定めがある場合を除き、書面の作成その他の方式を具備することを要しない。

❺法律用語では、そのことについて知らなければ「善意」、知っていれば「悪意」！

❻「善意の」すなわち「当事者間に存在する特定の事情を知らない」「第三者」が、代表取

締役が権限を持たない案件に関する契約を結んだ場合、その契約は成立する。ただし、権限を持たない当事者に対して、他の当事者は、損害賠償の訴えを起こすことができる。

会社法　第三四九条④　代表取締役は、株式会社の業務に関する一切の裁判上又は裁判外の行為をする権限を有する。

⑤　前項の権限に加えた制限は、善意の第三者に対抗することができない。

民法　第七〇九条　故意又は過失によって他人の権利又は法律上保護される利益を侵害した者は、これによって生じた損害を賠償する責任を負う。

column

2 M&Aと契約書

もうだいぶん昔になりますが、東京銀行勤務時代、M&Aの部署にいたことがありました。九〇年代前半で、まだ日本ではM&Aという言葉も浸透しておらず、M&Aの仕事をしていると言うと、チョコレートの「M&M」と間違われることもあったほどでした。

東京銀行は、国際業務が中心でしたから、M&Aも日本企業が海外企業を買収するといった案件や、海外企業の側に立ってお手伝いするということがほとんどでした。私も日本企業のアドバイザーになったり、米国企業のアドバイザーをしたことがありました。

M&Aは会社を買収したり売却したりするのですが、交渉は、売買契約書をどんどん改定していくという手順の場合が多く、海外企業が相手で遠隔地ですから、当時は、契約書をファックスでやり取りしたものでした。契約書は、薄いものでもA4で六〇枚程度、通常のものだと百枚くらいはあります。もちろん英文です。

交渉が、現地で行われることももちろんあります。その際は、日中は文字通り交渉のテーブルに着き、交渉条件を詰めていきます。条件をお互いに変更しながら、ときにお互い別室にこもって日本と連絡をしたりしながら作戦を考えて、交渉を繰り返すのです。ランチも会議室でとることも少なくありません。交渉はたいてい、現地の弁護士事務所で行われました。

夜に交渉が続くこともありますが、通常は夕方に終わります。お客さまとディナーを食べながらその日の振り返りを行いますが、その間に弁護士が今日の交渉で変わった点を、契約書に盛り込みます。

ホテルに戻ると、修正された契約書が部屋に届いています。アドバイザーはそれをチェックして、要点をまとめる作業をします。それが深夜まで続くことは少なくありません。場合によっては、日本にいる上司や弁護士と相談することもあります。

そして、朝になったら、お客さまと朝食をとりながら、変更点の確認と今日の作戦を考え、その日の会議に臨みます。だいたい数日はそれを行います。場合によっては、数週間や数か月挟んで何度か現地での交渉を繰り返すこともありました。

そのせいか、いまでも、英文の契約書を読む夢を見ることがあります。

もうずいぶん昔のことですが、交渉会場となった、ニューヨーク・レキシントン街の高層ビル群の中にある弁護士事務所から見た夕日は忘れられないものです。

第7章

著作権法

海賊版サイトから教育利用補償制度まで、ネット時代に望まれる新たな法規制

知らないうちに著作権を侵害していませんか？

ネット社会の現在、インサイダー取引の金融商品取引法以上に、私たちが気がつかないうちに犯してしまいがちな法律が、著作権法かもしれません。

ブログやメルマガを見ていると、明らかにこれ、著作権法違反ではないか、という記事を見ることがあります。引用との断りもなく、人の文章が、さも自分のものであるかのように記述されているのです。

たとえば、今から十数年前のことです。ある生命保険会社が契約者向けに出している冊子だったたと思いますが（相当な部数です）、その冊子を見ていたら、どこかで読んだことのあるような「いい話」が載っていました。筆者は、それまで見たこともなかった女性の公認会計士でした。

あれ？　と読み進めていて、気づきました。稲盛和夫さんの『実学』です。あの本の一部をほぼそのままパクっていたのです。これはひどい、その生命保険会社に言わなければ、と思いつつも、忙しさに紛れてそのままにしてしまいました。

ただ、今例に出したケースでも、私が直接、その書き手を訴えることはできません。訴えることができるのは、著作権を持っている人と、出版権などを持っている人だけです。「訴えの利益」がない人は訴えられない。著作権法に規定されています。この場合、訴えられるのは、稲盛さんご本人と『実学』の出版権を持っている出版社でしょう。

著作権法　第七章　権利侵害　【差止請求権】
第一一二条① 著作者、著作権者、出版権者、実演家又は著作隣接権者は、その著作者人格権、著作権、出版権、実演家人格権又は著作隣接権を侵害する者又は侵害するおそれがある者に対し、その侵害の停止又は予防を請求することができる。

権利侵害の罰則は、十年以下の懲役若しくは千万円以下の罰金、またはその併科（両方）です。

なお、音楽については、ＪＡＳＲＡＣという強力な団体があるため、たとえば、私的に動画に好きな音楽や歌を勝手につけてＳＮＳにアップしても、見つかれば使用料を要求されます。このため、フリー素材と呼ばれる著作権フリーの音楽を用意しているサイトがたくさんあり、通常は、それを使うことになっています。

言葉や書籍、写真、イラストなどの場合、ネットにアップされているからと安易に、自分のブログやサイトに転載すると、あとになって、著作権者などから、膨大な損害賠償を求められることもなきにしもあらずです。

基本、人がつくったものを勝手に使ってはいけない、人の創作物、知的財産、それを生み出す創造性に対する敬意を理解し、それを尊重することが重要ではないでしょうか。

ネット時代、著作権法の改定が望まれる

先ほどお話しした例は十数年前、インターネットやSNSが今ほど普及していなかった時代のことですが、その後、ネットの普及で、著作権を明らかに侵害しつつも、ネットの存在しなかった時代につくられた規制の網をくぐって、不当な利益を得る人たちが出てきました。

たとえば、いわゆる「自炊代行事件」。本をスキャンしてデータ化し、それを電子書籍にして売るサービス。もともと、個人が自分の本をスキャンして、電子書籍化する行為が生まれ、それが「自炊」と呼ばれていたのですが、スキャナーを持っていない人のために、それを代行するという名目で、書籍をデータ化して複製し、不特定多数の人に売ることで利益を得ていたのです。

これは、**著作権法の制限として、私的使用のための複製は認められていることの悪用**でした。

著作権法　第三〇条①　著作権の目的となつている著作物は、個人的に又は家庭内その他これに準ずる限られた範囲内において使用することを目的とするときは、次に掲げる場合を除き、その使用する者が複製することができる。

自炊代行事件については、平成二六年一〇月、「その使用する者が複製する」との要件を充足しない」との判決が出て、自炊代行行為は以後、取り締まりの対象となりました。

著作権に一定の制限が加えられている、つまり、私用目的に近いかたちで利用できるのはおもに、「私用目的」以外では、「学校その他の教育機関等における複製等」です。

著作権法　第三五条①　学校その他の教育機関において教育を担任する者及び授業を受ける者は、その授業の過程における利用に供することを目的とする場合には、その必要と認められる限度において、公表された著作物を複製し、若しくは公衆送信を行い、（中略）公に伝達することができる。ただし、（中略）著作権者の利益を不当に害することとなる場合は、この限りでない。

「若しくは公衆送信を行い」の部分は、ネット時代に合わせて、平成三〇年（二〇一八年）に改正されたものです。施行は、二〇二一年五月とされています。

ただ、これまでの複製（つまり、紙でのコピー）と比べて、公衆送信の場合、一瞬にして、大量に著作物を配布することになり、また、その範囲も通常の方法では、把握できないものとなってしまいます。そうなると、著作権者や出版社にとっては死活問題です。場合によっては、今後、著作者も出版社もいまと同じ形態ではいられなくなってしまう可能性すらあります。

そこで、改正案では、次の項目が加えられました。

著作権法　第三五条②　前項の規定により公衆送信を行う場合には、同項の教育機関を設置する者は、相当な額の補償金を著作権者に支払わなければならない。

では、相当な額とはいくらか？　現在、この「著作物の教育利用補償金制度」の詳細を詰める段階に入っているようです。

違法サイトからダウンロードすること自体を禁じないと、著作権を侵害するサイトはなくならないのだが……

ネット時代の著作権侵害として、「自炊代行」に代わって、現在大きな問題となっているのが、漫画を中心とした「**海賊版サイト**」です。現在、無断で電子化したコンテンツをダウンロードできるようにしたり、そういうサイトに誘導する「リーチサイト」が多数あり、その被害総額は、三三〇〇億円にも及ぶと試算されているそうです。
警察との連携による、サイトへの警告、閉鎖要請等によって、百ほどの違法サイトが閉鎖されたものの、サーバーやドメインを変更して、運営を継続、新規サイトも次々に生まれる事態で、これを阻止するには、違法サイトからのコンテンツのダウンロードを違法化すると同時に、そうしたサイトへのリーチサイトを規制する著作権法の改正が必要なのですが、改正案の上程は、二〇一九年春の通常国会では見送られました。

技術の進歩やそれにともなう社会の変化によって、法律は常に改訂され続けなければなりませんが、とくに、著作権法は、インターネットの出現によって、それ以前には存在しなかった状況に対応するものとなっていく必要があることは言うまでもありません。

この章に出てきた主な法律と法律リテラシー

❶文章、写真、イラストなど、ネットにあるものの多くは、誰かが著作権を持っている。勝手に使ってはいけない。いわゆる「引用」にも条件がある。

❷著作権の権利侵害を訴えられるのは、著作権者か、出版権などを持っている人だけ。

著作権法　第一一二条①　著作者、著作権者、出版権者、実演家又は著作隣接権者は、その著作者人格権、著作権、出版権、実演家人格権又は著作隣接権を侵害する者又は侵害するおそれがある者に対し、その侵害の停止又は予防を請求することができる。

❸複製ができるのは、私的使用だけ。

著作権法　第三〇条①　著作権の目的となつている著作物は、個人的に又は家庭内その他これに準ずる限られた範囲内において使用することを目的とするときは、次に掲げる場合を除き、その使用する者が複製することができる。

❹「学校その他の教育機関における複製等」については著作権に制限が加えられてきたが、デジタル化して公衆送信が可能になったことから、新たな規制が検討されている。

1（著悪権法　第三五条②　前項の規定により公衆送信を行う場合には、同項の教育機関を設置する者は、相当な額の補償金を著作権者に支払わなければならない。

❺いわゆる海賊版サイトに対する規制の徹底には、著作権法の改正が必要。

あとがきに代えて

憲法改正問題を考える

最後に、あとがきに代えて、法律中の法律、「日本国憲法」について、お話ししておきましょう。

憲法とは何か?

日本国憲法は前文と一〇三条からなる法律ですが、いくつかのことを基本的に理解しておく必要があります。ビジネスパーソンなら、憲法は、「最高法規」、「国民の人権を守る」、「統治機構を規定する」という三つをまず押さえておくといいでしょう。

最高法規

憲法は国の他の法律を規制する「最高法規」です。すべての法律は憲法に従わなければなりません。

日本国憲法　第九八条①　この憲法は、国の最高法規であつて、その条規に反する法律、命令、詔勅及び国務に関するその他の行為の全部又は一部は、その効力を有しない。

そして、裁判所が法律や命令、規則などが憲法に反するかどうかを判断する権限を持ち、最高裁判所がその最終判断を行います。

第八一条　最高裁判所は、一切の法律、命令、規則又は処分が憲法に適合するかしないかを決定する権限を有する終審裁判所である。

国民の人権を守る

憲法は、国家権力から国民の人権を守るための法律です。人権とはひとつは「**自由権**」と呼ばれるもので、「国家からの自由」とも言われます。「思想及び良心の自由」（第一九条）、「信教の自由」（第二〇条）、「集会・結社・表現の自由」（第二一条）、「居住・移転及び職業選択の自由、外国移住及び国籍離脱の自由」（第二二条）、「学問の自由」（第二三条）が定められています。

「**参政権**」も重要な人権です。これは「国家への自由」と呼ばれることもあります。国民の自由権などを確保するためには、国民の意見が国政に反映されることが必要になるからです。

さらに、失業や貧困などが、資本主義が発展するに従い、大きな問題となりました。また、最近では貧富の差の拡大が問題となっています。そうしたなか、「**社会権**」と言われる人権が重要となっています。「国家による自由」とも呼ばれ、社会的・経済的弱者救済のために、国家による積極的関与や配慮をうながすものです。具体的には憲法第二五条に規定されています。

第二五条① すべて国民は、健康で文化的な最低限度の生活を営む権利を有する。
② 国は、すべての生活部面について、社会福祉、社会保障及び公衆衛生の向上及び増進に努めなければならない。

「自由権」、「参政権」、「社会権」の三つですね！

ただし、すべての権利に制限がないわけではありません。

第一三条 すべて国民は、個人として尊重される。生命、自由及び幸福追求に対する国民の権利については、**公共の福祉に反しない限り**、立法その他の国政の上で、最大の尊重を必要とする。

先に触れた「居住・移転及び職業選択の自由」に関しても、「公共の福祉」による制約があります。

第二二条① 何人も、公共の福祉に反しない限り、居住、移転及び職業選択の自由を有する。

そして、ビジネスに大きくかかわる「財産権」に関しても、「公共の福祉」という言葉がでてきます。

第二九条① 財産権は、これを侵してはならない。
② 財産権の内容は、公共の福祉に適合するやうに、法律でこれを定める。
③ 私有財産は、正当な補償の下に、これを公共のために用ひることができる。

とあります。ただし、「公共の福祉」を国家が拡大解釈して、個人の権利を過剰に制限してはいけないことはいうまでもありません。

統治機構

一方、憲法は「統治機構」についても定めています。「三権分立」によって立法・行政・司法をそれぞれ牽制するように定められています。

第四一条　国会は、国権の最高機関であつて、国の唯一の立法機関である。

「国権」とは「国家権力」つまり、国を統治する権限です。憲法で、「国権の最高機関」と定められていますが、先に触れた第九八条で司法が持つ「違憲審査権」により法律の制定に制約を受け、行政からは「衆議院の解散権」（第六九条）により制約を受けています。

一方、国会は「内閣不信任決議」で内閣を総辞職させる権限を持ちます（第六九条）。罷免の訴追を受けた裁判官を裁判する「弾劾裁判所」を設けることができます（第六四条）。

このように、お互いが牽制する機能を持つことにより、国家権力が暴走しないようにしているわけです（中学校で習ったのをおぼえていますか？）。

自衛隊の存在を憲法にあえて明記する必要性は？

最後に、「憲法改正問題」、要するに「九条」の改正問題について、私の意見を述べておきたいと思います。

憲法九条。有名な条文ですから、読まれたことがある方も多いことでしょう。復習します。

日本国憲法　第二章　戦争の放棄

〔戦争の放棄と戦力及び交戦権の否認〕

第九条① 日本国民は、正義と秩序を基調とする国際平和を誠実に希求し、国権の発動たる戦争と、武力による威嚇又は武力の行使は、国際紛争を解決する手段としては、永久にこれを放棄する。
② 前項の目的を達するため、陸海空軍その他の戦力は、これを保持しない。国の交戦権は、これを認めない。

ご存じのように、安倍首相は、憲法を改正したい、とくにこの第九条を改正したいと思っています。いくつかの案がありますが、首相としてはここに第三項をつけて、自衛権、これを認める、と書くか、自衛隊の存在、これを認める、と書くのか。ともかく、その辺のところを出そうとしているようです。

では、私はどう考えるかですが、私自身は、自衛隊の存在には賛成です。多くの日本人がそうなんじゃないでしょうか。

災害時にはあれだけ活躍しているわけですし、北朝鮮など危ない国が周りにいる以上、自衛隊の存在を認めないことも、自衛権を認めないということも、あり得ないと思います。実際のところ、自衛権自体は憲法解釈上も最高裁判所の判例でそれが認められています(一九五四年、アメリカ軍の駐留を憲法九条違反だとする第一審を最高裁は覆し、「憲法第九条は日本が主権国として持つ固有の自衛権を否定しておらず」という記述を含む、アメリカ軍駐留を許容する判決を下しました。世に言う「砂川事件」での判例です。自衛隊の合憲性についての根拠ともなっています）。

ただ、いざ憲法改正、とくに第九条の改正の発議が出たときに（第九六条により、各議院の総議員の三分の二以上の賛成で国民投票の発議が行われます）、私がすぐに、改正に○をつけるかというと……正直、迷うと思います。

今の憲法が好きだとか嫌いだとかといった感情的な迷いではありません。では、どういう理由からか？　ちょっとまどろっこしい言い方になるかもしれませんが、説明させてください。

三一〇万人の人が亡くなった太平洋戦争が終わって以来、七〇年以上日本が平和であったのは事実です。この平和が守られたのは、憲法第九条のおかげ、平和憲法のおかげだと思っている人はたくさんいると思います。そして、そういう人たちは、あえて憲法改正は望まない。

一方、安倍首相らの考え方は違います。たしかにこれまでは平和だった、その平和をより強固なものとするためには、現に存在している自衛隊を憲法の中に明記したほうがよいし、最高裁の判例にでも認められている自衛権も認めたほうがいい、と。

つまり、両方とも平和を守りたい、という目的は同じです。ただ、憲法の記述方法は異なるわけです。

一時期、GHQから与えられたものだから変えるべきだという議論が活発化していたことがありますが、私はその考え方には汲みしません。誕生の経緯がなんであれ、いいものなら変えなくたっていい。逆に時代に合わないものなら、その誕生の経緯と関係なく変えればいいのです。

GHQの中にも、日本を理想の国にしようという思いがあったはずです。もちろん、その根本には、日本に二度と戦争させない、そしてアメリカに逆らわせない、という意図があったでしょう。そのための教育改革もしました。日本国憲法の草案作成もその一環でした。

でも、だからといってその理由だけで否定するのもおかしい。それで平和が守られているのだったら、このままにしておいたほうがいいだろうという意見を、私は十分に理解できます。

一方で、改正したほうが今まで以上により平和が守られる、というのなら、それも十分に説得力があります。

つまり、私自身、結論が出ていないのです。

自衛権も、自衛隊の存在も私は認めているけれど、それをわざわざ憲法を改正して明記する必要性については迷っているのです。**いずれにしても、どちらが平和を守れるのかということ**なのです。

もし、アメリカとの安全保障条約が解消されたら？
日本には、自衛のための防衛力はないのか？
――思考実験の勧め

私の学生時代には、七〇年安保反対！の学生運動の残火がありましたが、最近では、当のアメリカのほうから継続を拒否するような揺さぶりをかける大統領が出てきました。

そうなったら、どうするのか？

そうした思考実験をしておくことも重要です。


何度も言っているように自衛のための軍隊をもつことは「砂川事件」の最高裁の判例によって認められているわけですから、同盟関係がなくなる可能性があるなら、防衛費の予算を増やせばいいと、私は考えます。自分の国を十分に守る自衛力を持つべきです。

現在、世界七位、二〇二〇年度五兆三〇〇〇億円に達する予算を増やして、正面装備をより強固にするのです。というのも、予算の約半分は、人件費などの固定費です。正面装備に回っているお金は実はたいしたことありません。

たとえば、イージス艦。イージス艦が敵ミサイルを感知して発射するまでの反応速度は一秒か二秒だと言われています。たとえ、ミサイルがわが国を目指して発射されても、かなりの迎撃が可能でしょう。でも、敵が核を用いた攻撃を本気でしようと思ったら、いくらでも方法は考えられます。それをどうやって阻止するのか？

自衛隊をどこまで強化すれば、抑止力となり、国を守ることができるのか？　真剣に考えるときだと思うのです。

竹島が日本の領土であることは一〇〇%明らかです。サンフランシスコ講和条約で竹島は日本の領土とされていたのを、その直前に勝手に韓国が不法占拠した。その状態がずっと続いているのです。日本はそれを国際司法裁判所に何度も訴えようとしてきたのですが、裁判にならない。韓国が応訴しないからです。国際司法裁判所には欠陥があって、応訴しない限り裁判にならない仕組みになっているのです。

韓国は、昨今の貿易の問題で、WTOに提訴すると言っていますが、それなら竹島の問題を国際司法裁判所に提訴しましょうよと、日本政府は言ってやるべきです。韓国としては、自分に都合のいいときだけ、国際機関の仲裁や裁定を受けるというような虫のいいことを言わせるべきではありません。

日本から見たら韓国との貿易は、小さくはないけれど、竹島の問題と比べたら、大した話ではありません。だって、**領土保全は自衛権の問題**だからです。自国領土が侵されているのを自国が守るというのが自衛の範囲に入ることは間違いないでしょう？

ただ、これが憲法解釈上難しいという声が多いのです。「国権の発動たる戦争と、武力による威嚇又は武力の行使は、国際紛争を解決する手段としては、永久にこれを放棄する」と憲法に書いてあるからです。「自衛隊を上陸させるぞ」なんて言ったら、国際紛争の解決に武力を用いることになってしまうと。

尖閣の問題も同様です。

でも、自国領土が侵されることから「自衛」するためだとしたら?

実際、竹島に、領土を取り返すことを目的に自衛隊の護衛艦を派遣することが憲法違反なのかどうかというのは結構微妙なところだと私は思います。だからそれを明記したほうがいいという意見と、明記しなくてもいいという意見があります。私は明記しなくてもやれるのではないか、と考えているのです。あくまでも「自衛」ですから。

そして、もうひとつ考えなければならないのは、憲法改正をすると歯止めがなくなってしまう恐れがあるということです。

そうでなくても、歯止めがきかなくなりつつあるというのに。

二〇一四年になって、それまで憲法第九条で許容されている範囲を超えるものとして許されないと内閣法制局もずっと言っていた「集団的自衛権」が、憲法上許容されると、防衛白書に記載されるようになりました。集団的自衛権が認められれば、たとえば、アメリカが南米で戦争しているときに日本も来いっていう話にもなるわけでしょう？　実にリスキーです。

でも、もしそうなったら、日本はやりませんと言えばいい、と私は考えています。そんなことをしたら、逆の場合、アメリカが日本を守ってくれなくなるんじゃないですかって？　だったら、自国でやりますって言えばいい。先ほども書いたように、正面装備をさらに充実させて、抑止力を高める。日本も実力をつければいいのです。今すぐは無理でも、自分の力で自由を守るという基本原則をもつべきです。

アメリカは、日本の軍事的自立を望んでいない

でも、アメリカはそれを望んでいないと思います。

その理由は、前後しばらくの間は、彼らは、日本はもともと敵対国で、実は日本人って

凶暴なことをよく知っていたからです。戦前には、満州国を設立し、中国の一部や朝鮮半島、台湾を占領していました。さらには、太平洋戦争の初期にはパールハーバーを攻撃しアメリカの太平洋艦隊をほぼ殲滅、シンガポールも占領した。そういう民族なんですから。

現在では、日本がアメリカ陣営から離れたら、中国についてしまうかもしれないからです。韓国は今まさに、それが現実味を帯びつつあります。韓国は、北朝鮮とも仲良くしたい。同じ民族ですからね。さらに韓国は中国との経済的結びつきが大きいですから、アメリカが見放すと、いざとなったら中国につく可能性があります。日本はそうはなりにくいでしょうが、アメリカと対立すればどうなるかは分かりません。

また、たとえばイージス艦を日本はつくろうと思ったら、つくるだけの能力をもっているからです。そして、そのことをアメリカは知っているからです。いまは、戦闘機もイージス艦も、みんなアメリカから買っています。買わされています。イージス艦がいくらだか知っていますか？　一艦約一八〇〇億円です。アメリカの軍需産業にとって、日本はとても大事なお得意さんなんです。だから、日本が自分でつくるようになったら困るんです。

飛行機だってそうでした。現在は、民間ジェットを三菱重工がつくろうとしてもなかなかうまくいかないようですが、それは資源と能力を集中してこなかったからです。でも、同じく三菱重工がＪＡＸＡと開発しているＨ－ⅡＢロケットは、二〇一九年九月の八号機は打ち上げを中止したものの、世界で最も発射の失敗確率が低いロケットです。

つまり、日本は、最も信頼度の高いロケットをつくれるし、つくっている。

これが、どういうことか、分かりますか？

ミサイルとロケットの違いは、先端に弾頭を載せているか、衛星を載せているかの違いで、実はまったく同じものです。だから、北朝鮮も最初のころは、衛星を飛ばしていたんだと平気で嘘を言っていたわけです。

だから本当に資源を集中すれば、戦闘機ぐらい簡単につくれるでしょう。

でも、今はやらない。アメリカから高い値段で飛行機を買わないといけないからです。最近買うことが決まったステルス戦闘機Ｆ－３５Ｂも一機一一〇億円強。それを一四七機も購入するそうです。

ちなみに、さきほど、日本はアメリカからイージス艦を一八〇〇億円で買っていると書きましたが、船そのものだけだったら数百億円ぐらいではないでしょうか。高いのは、ミサイルを迎撃するためのイージスシステム。これを日本はブラックボックスで買っているわけです。だから、もし自分たちでつくったら、かなり安くつくれるでしょうね。

だから、トランプがなんと言おうと、アメリカの軍需産業にとっては、安保条約は破棄しないほうがいいはずなんです。

日本にしても、潜在的能力はあるにしても、三菱重工の飛行機（ＭＲＪ）開発の状況を見ても、すぐには難しいことが分かります。その間に、中国に尖閣を占領されても困りますから。いずれにしても、正しいことを主張するにはやはり自衛できるだけの戦力をもっていることが大前提になってくるわけです。

そのために憲法改正が必要かどうか、ということだと思います。そして、私たちは、このことから目をそらさずに真剣に議論するときに来ているのだと思います。もちろん、わたしの意見が正しいかどうかは皆さんが判断されることです。大切なことなのでじっくり考えてみてください。

＊＊＊

ここまで、ビジネスパーソンに身近な法律のお話を、いろいろなトピックをベースにしてお話してきました。法律の条文だけでなく、法律的な考え方やそのバックグラウンドも身に付けていただけたと思います。

これからも多くの問題に直面していくと思いますが、その際に、ここで学んだ条文や法律的考え方にもとづいて考えてみていただければと思います。もちろん、専門的なことは弁護士などの法律の専門家に任せるとしても、自分なりの解決策や仮説を持つことが大切です。本書がそのきっかけとなればこれほどうれしいことはありません。

最後に、本書作成にあたって、当社のコンサルタント養成講座の卒業生で、私の高校、大学の後輩にあたる坂口俊幸弁護士に本書のチェックをしていただきました。心よりお礼申し上げます。

また、本書作成にあたって、他の養成講座シリーズの本同様、干場弓子さんにはたいへんんお世話になりました。彼女なしにはこの本は完成しなかったことは間違いありません。この場を借りて心よりお礼申し上げます。

二〇二〇年二月　著者

ディスカヴァー携書
219

ビジネスマンのための「法律力」養成講座

発行日　2020年2月25日　第1刷
　　　　2024年1月10日　第3刷

Author　小宮一慶

Book Designer　遠藤陽一（DESIGN WORKSHOP JIN, Inc.）

Publication　株式会社ディスカヴァー・トゥエンティワン
〒102-0093　東京都千代田区平河町2-16-1 平河町森タワー11F
TEL　03-3237-8321（代表）
FAX　03-3237-8323　http://www.d21.co.jp

Publisher　谷口奈緒美

Distribution Company
飯田智樹　蛯原昇　古矢薫　山中麻吏　佐藤昌幸
青木翔平　磯部隆　小田木もも　廣内悠理　松ノ下直輝
山田諭志　鈴木雄大　藤井多穂子　伊藤香　鈴木洋子

Online Store & Rights Company
川島理　庄司知世　杉田彰子　阿知波淳平　王廳
大﨑双葉　近江花渚　仙田彩歌　副島杏南　滝口景太郎
田山礼真　宮田有利子　三輪真也　八木眸　古川菜津子
高原未来子　中島美保　石橋佐知子　伊藤由美　金野美穂
西村亜希子

Publishing Company
大山聡子　大竹朝子　藤田浩芳　三谷祐一　小関勝則
千葉正幸　伊東佑真　榎本明日香　大田原恵美　小石亜季
志摩麻衣　野村美空　橋本莉奈　原典宏　星野悠果
牧野類　村尾純司　安永姫菜　浅野目七重　林佳菜

Digital Innovation Company
大星多聞　森谷真一　中島俊平　馮東平　青木涼馬
宇賀神実　小野航平　佐藤淳基　舘瑞恵　津野主揮
中西花　西川なつか　野﨑竜海　野中保奈美　林秀樹
林秀規　元木優子　斎藤悠人　中澤泰宏　福田章平
小山怜那　神日登美　千葉潤子　波塚みなみ　藤井かおり
町田加奈子

Headquarters
田中亜紀　井筒浩　井上竜之介　奥田千晶　久保裕子
福永友紀　池田望　齋藤朋子　俵敬子　宮下祥子
丸山香織

Proofreader　株式会社文字工房燦光
DTP　アーティザンカンパニー株式会社
Printing　共同印刷株式会社

本書へのご意見ご感想は下記からご送信いただけます。
http://www.d21.co.jp/inquiry/

ISBN978-4-7993-2576-6

携書フォーマット：長坂勇司